649

ALGER

DU MÊME AUTEUR :

FANNY, étude. 1 volume grand in-18.

DANIEL. Étude. 2 volumes grand in-18.

CATHERINE D'OVERMEIRE, étude. 2 volumes grand in-18.

LES QUATRE SAISONS, esquisses d'après nature, avec planches. 1 volume grand in-18.

SYLVIE, étude. 1 volume grand in-18.

HISTOIRE DES USAGES FUNÈBRES et des sépultures des peuples anciens, ouvrage publié sous les auspices de LL. EE. le ministre d'État et le ministre de l'Instruction publique et des Cultes. 2 volumes grand in-4° accompagnés de cent grandes planches tirées à part, et de trois cents dessins sur bois imprimés dans le texte. — Le premier volume est en vente.

PARIS.—IMPRIMERIE DE J. CLAYE, RUE SAINT-BENOIT, 7

ALGER

ÉTUDE

PAR

ERNEST FEYDEAU

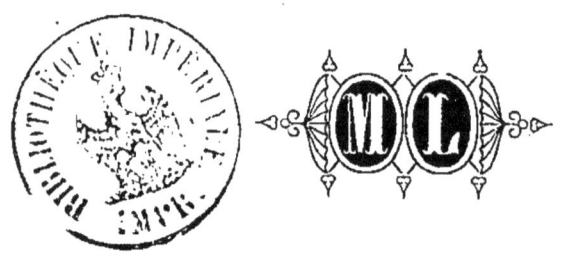

PARIS

MICHEL LÉVY FRÈRES, LIBRAIRES-ÉDITEURS
RUE VIVIENNE, 2 BIS, ET BOULEVARD DES ITALIENS, 15
A LA LIBRAIRIE NOUVELLE
—

1862

Tous droits réservés

A

M. SAINTE-BEUVE

Vous savez quels motifs m'ont poussé à quitter Paris, mon cher maître. Fatigué de l'uniformité d'une existence qui fut toujours vouée au travail, je voulais retrouver la sérénité de l'esprit en la demandant à la contemplation des grandes choses, et oublier les misérables luttes où la profession d'écrivain entraîne les natures les plus calmes. La sympathie d'un ministre éclairé m'a permis d'accomplir un projet formé depuis que j'ai l'âge d'homme; et, grâce à lui, j'ai trouvé, pour visiter notre colonie, plus de facilités encore que je n'osais m'y attendre. Mais si je remplis de mon mieux mon devoir en m'acquittant de la mission *qu'il m'a confiée et dont je dois compte à lui seul, je n'ai pas abdiqué le droit de profiter personnellement des avantages de cette mission et d'en faire profiter les autres. Je voyage donc ici, passez-moi la comparaison, comme un homme qui, tout en étant chargé des intérêts d'autrui, ne croit pas devoir négliger les siens, et pour cette fois, mon cher maître, si vous le permettez, mes intérêts seront placés sous votre patronage. Jusqu'ici j'ai fait des livres un peu pour le public et beaucoup pour moi-même; j'écrirai celui-ci pour vous. Acceptez-le donc comme un témoignage respectueux d'admiration pour votre caractère et votre talent, et de gratitude pour votre extrême bienveillance.*

ERNEST FEYDEAU.

Hydra, près Alger, 5 août 1850.

ALGER

ÉTUDE

I

Vue d'ensemble de la ville d'Alger. — Les rues. — Les maisons mauresques : système de construction ; dispositions intérieures ; ameublement.— Dévastations commises dans le quartier maure. Visite aux principaux édifices : le Musée ; l'hôtel de la Division militaire; le palais du Gouvernement; la Kasbah, etc.

Alger est encore, malgré de regrettables dévastations, une ville charmante qui conservera longtemps, je l'espère, le privilége de se faire adorer. Quand, après deux longs jours de traversée, on l'aperçoit de loin, vers midi, comme un triangle blanc dressé sur sa base et appuyé à des coteaux bruns, il vous prend au cœur je ne sais quelle joie confiante. On se sent attiré vers elle par un charme secret qui résulte peut-être de la pureté du ciel, de la couleur des eaux, de la tiédeur de l'air tout parfumé d'un goût de fleurs, et qui, pour être indéfinissable, n'en est pas moins irrésistible. Les uns la viennent voir à l'automne, d'autres au printemps; moi, je suis venu lui demander l'hospitalité au mois de juin, — un peu mprudemment, me dit-on; — mais je laisse parler les craintifs, ne pensant rien avoir à redouter d'une ville qui semble faite à souhait pour les regards des artistes.

Je vous ai dit qu'elle avait la forme d'un triangle. Ce triangle est posé au bord de la mer et comme plaqué sur la colline. La ville se développe ainsi dans le sens de la hauteur et se montre radieusement tout à plein, depuis le quai, piédestal irrégulier qui supporte le poids de sa masse, jusqu'à la forteresse turque, pyramidion étêté qui la couronne. Elle procède de haut en bas par échelons, distribuant de toutes parts, avec un caprice adorable, les degrés multipliés de ses terrasses, et l'ensemble de cette ville extraordinaire se tient si bien, qu'on dirait une montagne de craie découpée en gradins par les hommes.

Ce qui me plaît le plus dans ce panorama disposé en amphithéâtre, c'est la franchise de sa couleur. Il n'est guère possible de voir, même dans l'extrême Orient, un tableau plus hardi et plus largement composé. Quatre tons ont suffi pour créer cette merveille. La mer est d'un bleu sombre, presque noir, la ville d'un blanc de lait, les montagnes sont toutes fauves comme des croupes de lions qui se chauffent au soleil, et le ciel semble un dais de satin reluisant plus doux de ton que la turquoise.

A mesure que le paquebot approche des jetées, les moindres détails de la vieille cité barbaresque vous attaquent les yeux, tous à la fois, et l'on se prend à regretter de marcher si vite. Tout en bas, ce sont des fortifications dégradées et comme rongées par le soleil, puis trois dômes tout blancs arrondissent leurs côtes sèches, et deux minarets filent en l'air. Auprès, s'étend une mince bordure d'arbres écimés. En avant, les bâtiments de l'Amirauté se groupent harmonieusement autour d'un phare, et l'on voit, à travers un réseau de mâts et de vergues, les lignes droites du port se refléter dans l'eau calme. Des taches grises, en assez grand nombre vers la basse ville, se perdent dans la masse blanche comme des ombres de nuages qui glissent sur un mont de neige. Ces taches sont produites par les murailles des maisons françaises, mais la lumière les accable si bien de rayons qu'elles ne blessent les yeux qu'à demi, ou plutôt elles les reposent un peu de l'ensemble éblouissant dont les mille facettes étincellent.

A l'exception des dômes qui se gonflent au-dessus des mosquées, il n'y a pas une seule surface sphérique dans toute la hauteur de la ville. Ce ne sont partout que plans verticaux et horizontaux heurtés, confondus, s'entrecoupant et se croisant dans une sorte de révolte. Chaque maison, il est vrai, regarde la mer, et l'on distingue fort bien ses fenêtres comme autant de petits yeux noirs inégalement distribués, mais elle la regarde à sa manière : de face, de trois quarts ou de profil, et elle semble se hausser au milieu de ses voisines pour aspirer un peu d'air marin tout en profilant ses dures arêtes, comme une denture de scie, sur le ciel inondé de lumière.

Vue du haut de la Kasbah, qui forme le sommet du triangle, la ville, tout en restant reconnaissable, prend une physionomie différente. Alors elle se déploie en s'évasant comme un grand éventail en ivoire, et la mer qui l'enveloppe de trois côtés, occupant la plus grande place du tableau, il semble que la ville s'est rétrécie tout à coup, ou plutôt que de sa base à demi submergée les sommets les plus hauts, seuls, surnagent. Elle n'a même presque plus rien des proportions d'une ville, et, dans sa régularité sans ombre qui la traverse, avec ses brèches bruyantes, ses terrasses aux trous béants, ses pans de murs en talus qui descendent précipitamment, elle vous apparaît comme une gigantesque pyramide de marbre blanc dont les assises ont été bouleversées sous vos pieds par quelque tremblement de terre.

Mais c'est surtout à la clarté des nuits qu'il faut admirer cette ville sans pareille. Alors, toutes les laideurs dont nous l'avons entourée s'effacent dans le demi-jour du clair-obscur. On ne voit plus rien sous le ciel étoilé, qu'un amas blanchissant qui monte paresseusement le long d'une colline sombre. Cette colline elle-même se confond avec la nappe d'azur, et les bouquets de feu qui brillent sur ses flancs, quand souffle par bouffées le *sirocco*, ce vent voluptueux, se mettent à scintiller tous ensemble. Chaque maison enfouie dans l'ombre projette une lueur qui s'étale au-dessus d'elle, et que reflète la mer avec la flamme des phares. Souvent, le soir, assis à mi-côte, sous les oliviers du chemin qui mène au désert, je me suis demandé si Alger existait encore. Il me semblait qu'un coup du vent qui m'accablait l'avait effondré, et qu'à sa place palpitait en silence une pléiade d'étoiles.

Je retarde le plus possible le moment de vous entretenir de la ville française, parce qu'alors je n'aurai rien de présentable à vous montrer, et que je pourrai bien m'indigner souvent en vous parlant de ces édifices sans art et sans goût qui s'élèvent sur l'emplacement de maisons charmantes. Hélas! aujourd'hui Alger, quand on le regarde de trop près, est peut-être plus fait pour attrister les yeux que pour les réjouir. On l'a beaucoup abîmé, beaucoup enlaidi, à moitié détruit; et le malheur, c'est que les seuls Européens ont à se reprocher ces actes de vandalisme.

Le jour même de mon arrivée, quoique le thermomètre marquât, à l'ombre, trente-cinq degrés centigrades, je voulus parcourir immédiatement la haute ville. Je ne sais quelle méfiance me poussait à voir immédiatement si le quartier des Maures était encore reconnaissable. Je ne mis pas trois minutes à traverser — non sans maugréer tout bas — les rues modernes qui rayonnent autour de la place du Gouvernement, et, rencontrant enfin une sorte de corridor qui montait je ne sais où, je m'avançai sans guide à la découverte.

Jugez de ma joie, vous qui me connaissez! J'étais enfin en plein Orient. Le rêve de ma jeunesse se réalisait, et vous savez, je l'espère, ce que peut faire éprouver la réalisation d'un rêve. Là, rien ne ressemblait aux choses connues, et même à celles entrevues. Les rues ombreuses, d'un à deux mètres de large tout au plus, s'élevaient en escalades hardies : les unes sur des degrés cailloutés, les autres par des pentes lisses qui se coupaient à angle droit ou se heurtaient brusquement en décrivant de rapides zigzags. Les murailles toutes blanches, que je pouvais toucher de la main, des deux côtés, se rapprochant en l'air par des surplombs inégaux, finissaient par se confondre en entre-croisements de minces poutrelles, et la couleur du ciel m'apparaissait alors par taches bleues, d'où le jour tombait sur le frais pavé comme des soupiraux d'une cave. Parfois une longue voûte obscure s'ouvrait devant moi, tournant tout à coup et me faisant passer, sans transition, des ténèbres à la lumière ; puis les ruelles plongeaient mystérieusement jusqu'au fond d'impasses toutes blêmes où reluisaient des marteaux de porte en cuivre fourbi; et les portes de chaque maison, toutes fermées, fortifiées de gros clous de bronze et percées de judas treillagés, avaient des airs taciturnes comme des portes de harem ou de prison : j'en pâlissais de plaisir.

Cependant, des échoppes étroites de façade et peu profondes, prises dans l'épaisseur des murs, s'ouvraient de distance en distance, avec leurs auvents en saillie où pendaient par chapelets des fruits étranges, mêlés à des brindilles de fleurs. Des bazars en forme de croix, avec une haute rotonde au milieu, m'offraient de longues perspectives, toutes pleines de détails d'architecture amusants, où jouait paisiblement la lumière sur de chatoyantes étoffes. Des fontaines jaillissantes en marbre blanc, abritées par des niches de faïence bleue, bruissaient doucement à l'angle des carrefours; et le réseau des rues tortueuses dispersait tout autour de moi ses lacets compliqués comme ceux d'un labyrinthe. Quelques-unes de ces rues serpentaient capricieusement pour aboutir à des places en miniature de vingt pieds carrés; d'autres filaient toutes droites, comme si elles eussent été alignées au cordeau, et leurs plafonds de rondins s'abaissaient si bien par moments, que j'étais obligé de me courber pour passer dessous; enfin il y avait aussi des maisons isolées qui se tenaient périlleusement en équilibre, au grand soleil, sur des buttes de matériaux de démolition, et quand je me retournais, à leur pied, je voyais tout à coup la mer, comme une belle plaque d'acier, monter au-devant du ciel par une grande échancrure.

Alors je revenais sur mes pas, ou plutôt je me laissais conduire au hasard par mon instinct et mon caprice. Je ne pouvais me lasser de parcourir ces rues bizarres, presque toutes silencieuses, et qui ne communiquaient avec les maisons que par des ouvertures irrégulières, ou parfois, de loin en loin, par des fenêtres étroites soigneusement garnies de barreaux. On eût dit que la ville formait un seul édifice sillonné de couloirs et de galeries comme une immense fourmilière, et de toutes ces rues, de toutes ces maisons s'exhalaient des odeurs de musc, de tabac et de moka, agréablement mélangées d'un parfum de jasmin très-pénétrant, que je respirais avec délices.

Je n'étais pas à Alger depuis deux jours, que déjà je cherchais à me rendre compte du système de construction des maisons mauresques. Elles sont toutes bâties en pierres et en briques, et reliées par des poutres de bois de *thuya*, bois mpérissable qui sert également, à étayer les étages supérieurs surplombant la rue. Aucun morceau de fer n'entre dans l'épaisseur de ces maisons bizarres, plus durables que les nôtres.

Quant à leur plan, il n'est autre que celui de la maison grecque. C'est toujours, à l'intérieur, une cour pavée de marbre blanc, sur laquelle s'ouvrent quatre longues chambres, et dont les colonnes torses, coiffées de chapiteaux ioniques, supportent une galerie à balustrade de bois ouvragé. Le premier étage répète fidèlement la disposition du rez-de-chaussée, et, au-dessus de la maison, s'étend une terrasse toute plate, dont le centre, percé d'une large ouverture carrée, laisse l'air et la lumière jouer paisiblement sur le pavé de la cour. Des baies fort exiguës, inégalement distribuées et servant de ventilateurs, s'ouvrent dans chaque chambre et permettent, tant bien que mal, d'apercevoir du dedans ce qui se passe dans la rue; et la maison tout entière, avec les ogives en cœur qui s'appuient délicatement sur ses colonnettes, est blanchie à la chaux, à l'intérieur comme à l'extérieur.

Ce qu'il y a de plus charmant dans ces demeures ombreuses, admirablement disposées pour défendre les habitants contre les ardeurs du climat, c'est leur apparence claustrale. Là, vous êtes vraiment chez vous, parfaitement isolé du reste du monde, et nul bruit, comme nul regard du dehors, ne vient vous importuner. N'est-ce pas une chose logique que les Maures, ces gens casaniers et rêveurs, aient ainsi résolu le problème de l'isolement au milieu de la foule? Nous autres, qui n'avons peut-être pas les mêmes motifs pour murer notre vie intime, nous nous arrangeons toujours de façon à savoir plus ou moins ce qui se passe chez nos voisins : les moindres détails de leur existence nous intéressent, depuis les émanations de leur cuisine jusqu'aux visites qu'ils reçoivent, et rien de ce qu'ils font ne nous est étranger. Il n'en est pas ainsi des musulmans, hommes équitables s'il en fut. Comme ils veulent n'être pas troublés chez eux, ils commencent par n'importuner personne, et le précepte de *chacun chez soi, chacun pour soi*, est l'un de ceux qu'ils suivent le plus volontiers.

Les détails d'architecture des maisons mauresques les plus riches sont tous distribués à l'intérieur. A l'extérieur, à l'exception de la porte, qui est souvent ornementée d'agréments de cuivre et de gros clous, elles n'ont qu'une assez modeste et lourde apparence, et c'est encore en cela que les Maures ont montré combien ils comprenaient la vie pratique, gardant leur luxe pour en jouir discrètement, en famille, et non pour attirer les yeux des passants. De cette façon, nul ne peut les jalouser ni les affliger de critiques envieuses. Ce n'est pas cependant qu'ils renferment des trésors dans leurs demeures! Hélas! aujourd'hui, tous les trésors d'Alger tiendraient dans le creux de la main d'un enfant! La maison mauresque est un écrin, mais un écrin vide, et si sa porte est encore fortifiée de verrous, de contre-poids et de barres de fer, c'est bien moins pour défendre ce qu'elle renferme que par un reste d'habitude acquise dans un temps de prospérité.

Je vous ferais visiter, chambre par chambre, quelques-unes de ces demeures dont je raffole, si la chose en valait la peine; mais je vous exposerais à entendre de trop nombreuses répétitions. Chaque pièce ressemble absolument à sa voisine. Elle est disposée sur un des côtés de la cour ou de la galerie supérieure, et tire jour de sa porte ogivale, aussi bien que d'une fenêtre à barreaux de fer qui s'ouvre à côté. Tout au fond, et en face de la porte, est habituellement creusée dans le mur une grande niche qui porte le nom de *koubbâ*; au-dessus, le plafond, assez grossier, laisse voir dans leur irrégularité ses poutrelles éclaboussées de chaux, et le parquet est formé de faïences à fleurs qui, parfois, montent autour des murs jusqu'à hauteur d'appui. C'est là tout. Ajoutez un puits rond à margelle blanche dans un coin de la cour, des volets à compartiments devant les fenêtres, de belles portes intérieures en bois ouvragé, où l'on voit invariablement une main ouverte, grossièrement peinte, qui doit préserver les habitants de la maison de l'influence du mauvais œil, et vous aurez une idée aussi exacte que possible du réduit où la famille mauresque passe la meilleure partie de son temps. J'oubliais de grandes barres de bois sculptées, qui relient les colonnettes, et sur lesquelles on étend les haïks de soie et les burnous, pêle-mêle avec des cages pleines de rossignols et de canaris.

Maintenant, mon cher maître, vous qui êtes un curieux, comme moi, vous allez me demander si l'ameublement de ces retraites — car ce sont des retraites véritables, dans le sens le plus mystérieux du mot — est en rapport avec leur style architectural. Hélas! ici je crains de vous désillusionner. A l'exception de la maison de campagne du général Yusuf, à Mustapha-Supérieur, il n'y a pas dans toute l'Afrique française une seule chambre qui soit convenablement meublée. Maures et Français, à Alger, se sont donné le mot pour rivaliser de mauvais goût, et je dois dire qu'ils ont fait dans ce sens de véritables prodiges. Leur émulation les a poussés jusqu'en des recherches infinies qui émerveillent les artistes, et ces recherches sont si naïves, qu'on ose à peine les en blâmer.

Jugez-en. Je ferai grâce à mes concitoyens de mes critiques, parce qu'ils ne m'ont jamais paru très-doués du sens du Beau; mais les Maures, qui ont conservé les belles formes de l'Alhambra dans leurs demeures, les Maures, qui ont inventé des dessins adorables pour leurs broderies, leurs bijoux et leurs étoffes, les Maures enfin, qui sont des délicats et des raffinés, comprendrez-vous leur aberration en matière de mobilier? Tout est mêlé aujourd'hui chez eux et tout hurle. Auprès d'un beau divan en fine laine de Tunis, vous trouvez un méchant tapis fabriqué à Aubusson. Un hideux lit en fer, une commode en acajou, une pendule de pacotille surmontée d'un mousquetaire de bronze qui se tire la moustache — encore si c'était Malek-Adel et son coursier! — s'en vont tout du long des chambres, côte à côte avec de beaux coffres turcs à bouquets roses, avec des coussins du Maroc en cuir gaufré, avec les tables pentagonales en nacre et en écaille, avec les étagères de bois peint où pendent des œufs d'autruche et des chapelets. N'ai-je pas vu chez l'un des citadins indigènes les plus distingués de la ville d'Alger une cheminée à la prussienne garnie d'un paravent où s'étalait tout de son long, dans sa verdure abominable, un paysage de Brie ou de Beauce? Il y avait là-dessus un moulin, un clocher, des vaches, des moutons blancs, et une longue file de wagons qui passaient à toute vapeur entre les arbres. Ah! si j'avais osé crever ce paravent!

Malgré ces défauts de goût, cependant, on trouve encore dans quelques maisons mauresques des sujets de consolation pour les yeux : de belles boiseries découpées en plein cœur de cèdre, des aiguières de vermeil avec leurs bassines ciselées, de vieux bijoux, lourds à la main et chatoyants sous les rayons de la lumière, des tentures orientales savamment drapées; mais ce sont là des exceptions, d'heureux hasards sur lesquels le visiteur ne doit pas compter.

Ce qu'il est sûr de rencontrer partout chez les Maures, c'est une propreté exquise. Les

Maures badigeonnent tout, jusqu'aux jointures des dalles, dans leurs maisons, qui sont d'une blancheur de lait. Souvent les colonnes torses ont été si bien recouvertes par les couches de chaux successives, que leur forme en est altérée. Leur spirale n'apparaît plus alors, au haut du fût, que comme une ombre légère, et, quant au chapiteau, ses volutes se retrouvent à peine sous l'empâtement. Ceci n'est fait qu'en vue de se débarrasser de la vermine. Il est vrai qu'il n'en manque pas à Alger.

Quand on est parvenu à grimper sur la terrasse d'une maison mauresque, on peut se rendre compte de la puissance d'effet de la couleur neutre, qui devient, envisagée en masse, un étonnant motif de décoration. Il vous prend un subit éblouissement, si vous portez vos regards de haut en bas. Aucun mot ne saurait donner une idée de cet éclat qui vous aveugle. C'est une blancheur violente, immaculée, plus intense que celle de la neige. Figurez-vous maintenant mille ou douze cents maisons étagées tout autour de vous et recevant le soleil en plein sur leurs terrasses. Cela vous communique une sorte de joyeuse ivresse. Croyez-moi, il n'y a rien de plus réjouissant sous le ciel que l'uniformité du blanc sous l'uniformité du bleu.

Je ne vous ai entretenu jusqu'ici que des maisons les plus modestes, de celles qui servaient autrefois à loger les simples citadins et les marchands. Avant la conquête, il y en avait un grand nombre de plus riches et de plus vastes. Malheureusement, les nécessités de l'installation d'une population nouvelle, qui ne pouvait plier ses mœurs aux habitudes des indigènes, entraînèrent la suppression de tout le quartier du port, et les merveilles d'art accumulées dans la partie la plus basse de la ville furent impitoyablement sacrifiées. Il est regrettable qu'on n'ait pas compris, dès les premiers jours de l'occupation, qu'Alger ne pourrait jamais devenir une ville française, et qu'on n'ait pas transporté le quartier européen dans la plaine qui s'étend au pied des coteaux de Mustapha. Mais tout était alors en question dans la colonie, jusqu'à la conservation de la colonie elle-même ; les Arabes venaient impunément dans les faubourgs fusiller à bout portant les imprudents qui s'avisaient de regarder la campagne par-dessus les murs. Les premiers dévastateurs de la ville de Barberousse sont donc excusables; les derniers le sont un peu moins.

Il existe encore à Alger quelques personnes arrivées immédiatement à la suite de l'invasion française, et elles s'accordent toutes à déplorer les inutiles dévastations commises dans le bas quartier. A quoi bon avoir démoli la *Djenina*, ce charmant palais dont la façade intérieure rappelait celle de l'Alhambra, et qui fut la demeure des pachas pendant trois siècles? Pourquoi la *Kasbah* a-t-elle été éventrée, ses mosquées ont-elles été transformées en casernes, pourquoi ses jardins ont-ils été saccagés? Et la mosquée *Siida*, pourquoi l'a-t-on jetée à bas? Et celle de *Mezzo-Morto* ? Et tant de maisons charmantes et de fontaines ? Et enfin, et surtout la mosquée *Ketchaoua*, l'édifice le plus élégant de la ville des Maures, quelle idée funeste a-t-on eue de la transformer en cathédrale? Et quelle cathédrale, bon Dieu! Un monsieur trop zélé, se disant architecte, a fait, en s'appliquant beaucoup, de ce monument gracieux le monument le plus grotesque. Et ça ne rappelle pas du tout, comme on le dit, l'architecture byzantine, mais tout au plus cet objet d'art que fabriquent les pâtissiers pour les dîners de mariage, et qu'on nomme un *gâteau monté*.

Alger est donc fort amoindri aujourd'hui, et le malheur, c'est qu'on ne songe qu'à l'amoindrir encore davantage. La ville française, avec ses maisons à six étages, ses murs gris et ses volets verts, avec ses arcades toutes nues, ses boutiques et ses trottoirs, avec ses places criblées de soleil, ses ennuyeux alignements et son macadam, la ville française l'étreint de toutes parts et la refoule pied à pied, comme si elle voulait l'enfoncer sous terre. En bas, elle s'étale triomphalement tout le long du port et dans les faubourgs; à droite et à gauche, elle s'élève comme pour monter à l'assaut de la Kasbah, et devant la Kasbah même, tout en haut, la voilà qui s'installe impudemment, rasant les maisons mauresques à cent pas de la citadelle, comme si la Kasbah pouvait jamais devenir une forteresse française! Mais ce n'est pas tout; le quartier maure, quoiqu'il ne forme plus aujourd'hui qu'un îlot échoué à mi-côte au centre de la ville, est menacé d'une suppression radicale. Non content d'avoir permis aux Européens d'installer leurs horribles maisons et leurs cabarets au cœur même de ce quartier qui devrait être une sorte de lieu de refuge pour les musulmans, on veut le couper de bas en haut, dans toute sa longueur, par une rue bien large et bien nue, dans laquelle on étranglera de chaleur et qui, de loin, s'élevant sur la colline en ligne droite, produira l'agréable effet d'une perpendiculaire au beau milieu d'un triangle équilatéral. On veut aussi raser le Musée, l'ancienne habitation du gendre d'Hassan-Pacha, et certainement le plus beau palais de la ville, pour faire passer le rempart, qui passerait bien mieux cent pieds en avant, sur un récif [1]. On veut encore raser le sommet

1. Ceci était écrit en 1860. Depuis, j'ai appris que, grâce à a puissante et intelligente intervention de M. le maréchal Pelissier, le Musée avait été respecté.

du haut quartier pour faire une promenade plantée d'arbres au pied de la Kasbah. Autant valait lui laisser ses jardins. On veut enfin raser l'évêché, l'ancien logement des beys qui venaient apporter à Alger l'impôt triennal ; et pourquoi ? parce qu'on a rasé la *Djenina*, située en arrière, et que, depuis qu'on a rasé la *Djenina*, le derrière de l'évêché a l'air d'une masure en ruine. Agréable logique qui, si elle était toujours appliquée, ferait couper le bras valide aux manchots, la bonne jambe aux boiteux, et crever l'œil sain à tous les borgnes. Je supplie les Algériens de laisser l'évêché tranquille, ça fera plaisir à l'évêque ; et s'ils veulent absolument cacher la masure qui les horripile, que ne rebâtissent-ils la *Djenina ?*

Notez que je ne blâme pas nos compatriotes de chercher à se mettre à leur aise. Ils aiment les rues larges, les arcades, les grandes maisons où le jour entre à flots; les fenêtres qui permettent d'épier les passants ; c'est leur affaire. Je leur reproche simplement de supprimer de belles choses pour en mettre de laides à la place. L'Alger français, à l'heure qu'il est, il faut avoir la franchise de l'avouer, est une succursale des Batignolles. On me dit que, dans quelque vingt ans, il sera très-embelli. Ce sont précisément les embellissements que je crains, et pour cause. Les rues Bab-Azoun, Bab-el-Oued, de la Marine, Napoléon, et la place du Gouvernement, qui furent *des embellissements*, sont très-fort au-dessous de la rue des Colonnes, à Paris. Le boulevard de l'Impératrice, en construction aujourd'hui, va répéter, tout le long du port, les affreux arcs en plein cintre de la rue Bab-el-Oued. On repeint les mosquées et les maisons ; mais on ne leur donne plus déjà cette belle couleur blanche qui faisait plaisir aux yeux ; on les badigeonne de jaune. Alger veut copier Paris; il parviendra tout au plus à se transformer en vilain Marseille.

Si vous le voulez, pendant qu'il en est temps encore, je vous ferai visiter ce qui reste de beau dans tous les recoins de la ville. Je suis plus alerte que vous, étant plus jeune, mais nous marcherons doucement. Allons d'abord au *Musée*, tout au bout de cette longue rue des Lotophages qui traverse le quartier de la Marine. Nous serons bien reçus, je vous le promets. Un savant aimable et modeste, M. Berbrugger, est le roi de ce petit monde de marbres et de terres cuites qu'on a casé à grand'peine dans les caves de l'ancien palais du gendre d'Hassan-Pacha. Ce n'est pas lui, croyez-le, qui conseille les *embellissements* de la ville. Il en souffre plus qu'un autre, il les blâme, mais on ne l'écoute pas. Quel crève-cœur pour lui, qui habite Alger depuis trente ans, de voir jour par jour s'enlaidir cette ville charmante, et de ne pouvoir empêcher les barbares de l'abîmer ! Admirez, s'il vous plaît, avant qu'elles soient brisées par le pic des démolisseurs, ces colonnes torses de marbre blanc alignées sur les quatre côtés de la cour ; leurs chapiteaux corinthiens à volutes ioniques ont été taillés à Carrare. Et voyez cette balustrade de bois bleu et rouge qui court tout autour de la galerie du premier étage ; n'est-ce pas charmant ? Ici tout a été bien conservé : les portes de cèdre avec leurs encadrements en saillie sont intactes, les marteaux et les verrous de bronze sont à leur place, les niches du vestibule où s'accroupissaient jadis les *chaouchs* semblent attendre encore ces indolents qui passaient la meilleure partie de leur temps à voir se dérouler au soleil la fumée bleue de leurs pipes. Le palais, comme vous le voyez, est bâti sur les récifs, et la mer bat le pied des remparts où il est assis, emplissant toute la

demeure des plaintes de sa grande voix. Voici
la salle de lecture de la bibliothèque. Jadis
c'était l'appartement réservé aux femmes. On
retrouve encore quelque chose de leur présence
dans la décoration pleine d'élégance de cette
grande pièce pavée de carreaux vernissés à
dispositions de mosaïque, et dont les murs revêtus de faïence exhalent une douce fraîcheur.
Le plafond, très-riche de ton, à compartiments
de bois colorié, est peut-être un peu lourd;
mais quelle grâce dans ces croisillons où l'on
a sculpté des poissons, et dans ces volets
couverts de fleurs peintes ! Tout autour des
murs, et juste au-dessus des revêtements de
faïence, court une galerie légère qui se renfle
par places et qui servait jadis à ranger l'attirail
de la toilette des femmes, depuis les fioles d'eau
de senteur jusqu'aux pots de confitures. Les
faïences viennent d'Italie, comme les colonnettes, comme les moindres motifs de décoration

en imitation de papier peint. Les Maures n'ont jamais beaucoup travaillé de leurs mains, et les Turcs non plus. Il ne faut pas leur en vouloir. Ils avaient mieux à faire à Alger! Remarquez maintenant comme ces jaloux savaient bien garder leurs femmes! Il n'y a dans cette salle que quatre fenêtres, et toutes regardent la mer. Il eût fallu aux amoureux s'aventurer sur une barque à travers les récifs, et guetter de l'œil leurs maîtresses à travers les tubes des longues-vues, pour échanger quelques signes avec elles. Aussi les galants, à Alger, n'existaient-ils que dans les rêves.—Et les femmes? direz-vous. — Elles s'ennuyaient peut-être un peu!

Remontons, s'il vous plaît, vers le centre de la ville. Je veux vous faire entrer à l'ancien *hôtel de la Division* [1]. Dirait-on pas qu'on est

---

1. Cet hôtel est habité aujourd'hui par M. le général de Martimprey, sous-gouverneur de l'Algérie.

ici dans le palais du blanc et du bleu? J'adore ces faïences reluisantes qui montent sur les murs au-dessus des suaves colonnettes, et séparent par des lignes droites les arceaux en forme de cœur, entourés d'un lacis d'arabesques. C'est étrange d'aspect, doux de ton, tendre et net, et les moindres détails de la maison sont admirablement étudiés. Regardez ces barreaux de bronze, ces hautes portes si bien travaillées, ces parquets, jusqu'à cette vitrine dorée qui ferme la baie de la cour. La cour est devenue ici une salle de travail. Il est regrettable que son ameublement ne soit pas en rapport avec son système de décoration.

Nous allons maintenant ici près, au *palais du Gouvernement*. L'extérieur n'en est pas très-beau, car on l'a disposé à la française. Une lourde marquise en zinc s'étend au-dessus de la porte, une balustrade en fonte court tout le long de la maison, des guérites d'un goût douteux sont plantées devant la façade, et les fenêtres à colonnes de marbre noir, avec leurs arcs beaucoup trop renflés, sont du plus disgracieux effet. L'extérieur de ce palais accompagne dignement la cathédrale, sa voisine, mais l'intérieur en est charmant. De même que dans l'hôtel du procureur général, dans celui de l'évêque et celui de Mustapha-Pacha, il y a de jolies balustrades de bois travaillées, et des baies étroites à ventilation, coloriées à l'intérieur et présentant des bouquets de fleurs. Les *koubbâs*, appuyés sur des triangles de faïence, sont tout guillochés et sculptés dans un plâtre pur et durci. Ce sont là des restaurations modernes, il est vrai, mais elles sont si bien copiées sur les dessins de l'Alhambra, qu'on ne peut se lasser de les admirer. La muraille et le plafond disparaissent, comme vous voyez, sous un réseau d'ornements inextricables. Les arabesques se serrent, s'enlacent dans une symétrie merveilleuse qui décourage l'œil et ravit l'esprit. Les coupoles, avec leurs stalactites et leurs broderies, semblent tapissées de guipure. Les rosaces, découpées à jour et comme à l'emporte-pièce, dépassent en hardiesse mignonne tout ce que l'art des dentellières de Malines a pu créer de plus élégant et de mieux enchevêtré. Quelle riche imagination que celle des Maures ! Avec quelques lignes droites capricieusement déviées, ils ont trouvé les plus ravissants motifs de sculpture. Le génie humain est comme la poudre : pour lui donner de la force, il suffit de le concentrer.

Traversons maintenant la haute ville pour nous rendre à la Kasbah. Cela vous étonne un peu de voir que dans ces rues étroites, si bien garanties du soleil, l'air de la mer circule à grands flots. C'est que les Maures sont des gens intelligents. Il y a ici des degrés pour faciliter l'ascension; là des bancs, devant les cafés, pour se reposer à mi-côte; là des fontaines, et partout de l'ombre. En somme, la montée est rude, essoufflante même, mais on la supporte. Nous sommes enfin arrivés. N'admirez-vous point cet énorme amas de bâtisses séparées par des cours, des ruelles et des escaliers qu'un haut mur crénelé enveloppe? Et ce fort en forme de tour carrée avec un balcon en bois très-saillant, soutenu par de minces perches? C'est de là que le dey assistait aux exécutions qui se faisaient sur cette place. Voici l'ancienne porte couverte de plaques de fer et fortifiée de gros clous. Une vieille chaîne toute rouillée descend encore de la clef de voûte et se relève mollement vers le milieu, des deux côtés. Allons maintenant au palais du dey, le plus grand de la ville d'Alger : les colonnes de marbre blanc, comme vous voyez, ont été remplacées par des poteaux; cela n'est pas beau, mais qu'importe! Voici la galerie couverte où le dey se promenait, et le pavillon de bois où fut donné le coup d'éventail qui détermina la conquête. Lui aussi on l'a repeint : quelle manie de badigeonnage! On l'a *embelli* d'un plafond de cannes blondes à compartiments, de sorte qu'il ressemble un peu à un grand panier. Allons-nous-en, mon cher maître. Ces chambres, qui prennent jour sur la galerie, sont habitées et, par conséquent, abîmées par le dépôt du 1er régiment d'artillerie : autant celui-là qu'un autre. Arrêtons-nous un peu sous ces plafonds. En voici un tout flamboyant qui figure un grand soleil à rayons tors, et voyez ces jolis barreaux de bronze devant les fenêtres, et ces portes encadrées de plaques de marbre. Les Génois ont sculpté ces fruits et ces fleurs dans la matière dure, mais tout cela tombe en ruine. Il n'y a plus de traces des jardins que ces rares jujubiers, ce platane dont le pied reste engagé sous le mur de la maison du commandant de place, et cette adorable fontaine de marbre blanc à colonnes torses surmontées du croissant. Vous avez le cœur serré, moi aussi; c'est bien naturel. Voici la grande mosquée de la Kasbah, avec ses colonnes doubles en marbre blanc; les artilleurs y couchent, ils y sont même bien couchés : il doit faire frais là dedans; moi, j'y coucherais volontiers, mais, afin de mieux y rêver, j'aimerais mieux être tout seul.

Montons là-haut sur la terrasse, où les gros canons goudronnés penchent leurs longs cous sur la ville. L'admirable disposition des maisons mauresques apparaît ici dans toute sa régularité. Avant la conquête des Français, chacune d'elles s'élevait au-dessus de sa voisine de quelques pieds, et toute la ville s'en allait ainsi, par échelons, du bord de la mer à la Kasbah, comme un immense escalier tout blanc, au-dessus duquel il n'y avait rien que le ciel incessamment traversé par la lumière aux beaux sourires. Les rues profondes ressemblaient alors à des fissures étroites où courait capricieusement la brise ; il y avait sur les terrasses des *tendido*, des fleurs ; de chacune d'elles on apercevait la mer bleue où blanchissaient des voiles errantes. Les femmes seules y montaient pendant le jour. C'était, avec les bains, leur unique distraction. Là, sans masques[1], avec leurs enfants, passant d'une maison à l'autre, elles se promenaient et causaient, heureuses d'un semblant de liberté qu'elles ne pouvaient comparer à une liberté complète. Le soir, au coucher du soleil, annoncé par les *muezzin* du haut des blancs minarets, elles

---

1. Je suis obligé d'employer ce mot faute d'un meilleur. Le *heudjar* qui couvre le visage des Mauresques est un simple mouchoir de batiste qui passe au-dessous des yeux et va se rattacher au sommet de la tête.

descendaient toutes ensemble, et les hommes montaient à leur tour. Aujourd'hui, comme vous voyez, les maisons européennes, avec leurs façades à six étages, sont venues partout barrer la vue. Les ménages espagnols et mahonnais plongent ainsi du haut de leurs fenêtres jusqu'au fond des cours où s'est réfugiée la famille musulmane. Ces gens mouchardent tout. Les Maures ont en vain essayé d'élever les parapets de leurs terrasses pour se défendre contre les indiscrétions qui les blessent. Les maisons neuves sont trop hautes. Rien ne peut garantir les Maures contre leurs voisins si gênants. Ils se sont donc d'abord réfugiés sur la galerie intérieure de leurs domiciles violés, mais là encore les poursuivaient des regards inquisiteurs. Les voilà maintenant condamnés à vivre dans les chambres sombres qui s'ouvrent au niveau de leurs cours. Pauvres gens inoffensifs, doux et polis, qui ne nous ont jamais résisté, acceptant comme un châtiment mérité notre oppression qui les ruine! Notre seul voisinage est pour eux, je vous le prouverai plus tard, une cause de mort. Et comme nous froissons leurs idées, leurs habitudes, leurs mœurs, leurs préjugés! Ils ne se plaignent pas cependant! Mais redescendons, mon cher maître, car je crois que vous avez la larme à l'œil.

II

Population de la ville d'Alger. — La sieste. — Le soir sur la place du Gouvernement : liberté et manie de discussion. — La nuit dans les ruelles. — Intérieur d'une maison indigène. — Costume de chambre des femmes. — Le café maure. — Les musiciens. — Le quartier Kattaroudjil.

J'espère que vous pouvez dès à présent vous faire une idée juste de la ville d'Alger. Je ne vous ai dissimulé aucun des traits de sa physionomie hybride, moitié mauresque, moitié française, aimant mieux vous la représenter *telle qu'elle est*, avec ses laideurs et ses beautés, que de vous la montrer sous un de ses aspects seulement, afin de crayonner un dessin plus homogène. Il y a des artistes qui vont en

Afrique uniquement pour étudier les mœurs arabes. Ils feraient mieux d'aller autre part. L'extrême Orient, l'Égypte et la Syrie, par exemple, leur offriraient des modèles plus complets. Je ne mets pas tant de restrictions dans mes études, et ne vois pas, d'ailleurs, la nécessité de garder le silence sur mille choses intéressantes, parce que, se passant en Afrique, elles ont rapport aux Français.

Croyez bien que, pour la plupart des habitants de l'Europe, l'Algérie est un peu moins connue que la Chine. On la connaît à la surface, sur le rapport de quelques officiers qui l'ont vue en courant, de touristes qui n'ont pas su la voir, de colons qui ne l'ont même pas regardée. L'Algérie est cependant une contrée originale et intéressante! Vous vous en apercevrez, et de reste, si je parviens, à force de patience, de méthode et de clarté, à vous la faire toucher des mains.

Revenons à Alger. Le même caractère que je vous signalais dans sa physionomie extérieure se retrouve dans la physionomie de ses habitants. Celui qui se promène au milieu d'eux pour la première fois croit assister au défilé d'un carnaval. Dans ces rues montueuses et pleines d'ombres qui filent entre les maisons blanches, sur ces places entourées d'arcades, aux environs de ces fontaines jaillissantes, partout, dès le matin, se presse une foule bizarre, composée des types les plus divers, et bariolée des costumes les plus ravissants. Souvent, dans un seul carrefour, un jour de marché, on voit réunis des Français, des Espagnols, des Maltais, des Maures, des Arabes, des Kbaïles, des Juifs, des Biskris, des M'zabites et des nègres, gesticulant et discutant entre eux, chacun dans sa langue, ou dans un langage bâtard, appelé *sabir*, affreux à entendre, sans qu'on puisse deviner par quel miracle d'intuition ils parviennent à se faire comprendre au milieu du bruit. A l'angle des rues de Chartres et du Lézard, par exemple, vers six heures, la foule des Maures afflue, descendant de la haute ville, et se mêle à celle des Juifs qui stationnent aux environs du bazar, aux pêcheurs de Mahon qui montent des quais, portant de grands paniers pleins de poissons frais, aux Biskris poussant devant eux de longues files d'ânes chargés de gravats, aux jardiniers maltais roulant leurs petites charrettes à bras pleines de pastèques et de grenades. Tout le long des murs blancs, aux deux bords de chaque rue, des négresses accroupies, enveloppées de la tête aux pieds dans une pièce de cotonnade, débitent leurs pains vermeils en riant entre elles de ce rire d'enfant qui fait plaisir à écouter ; des marchands de sorbets font retentir leurs sonnettes de métal ; des mendiants enfin, largement drapés dans leurs burnous en haillons, et couchés à l'ombre sur les degrés du bazar, s'éventent voluptueusement avec des chasse-mouches de paille fine. Il y a là, tous les jours, pendant trois heures, assez de types réunis pour défrayer les loisirs d'une vie d'artiste : des cavaliers aux jambes nues poussant leurs étalons harnachés de soie entre les piétons qui murmurent; je ne sais combien de soldats en uniformes de fantaisie s'ébaudissant parmi les femmes avec des airs de vainqueurs; des grisettes qu'on dirait échappées du quartier Latin, promenant leurs ombrelles au-dessus des têtes; des Juives, enveloppées dans ces longs fourreaux de soie brune qui donnent à leur démarche paresseuse un peu de la roideur des statues égyptiennes; des Mauresques enfin, se faufilant entre les groupes, comme de blancs fantômes aux yeux rieurs. Et que de chants! que de cris! que d'appels bizarres! Alger est une ville gaie. Son climat est si doux qu'il adoucit les âmes. On y médit peu du prochain, et encore point méchamment. Je ne sais quelle amabilité toute méridionale y reluit sur les visages.

L'animation extraordinaire et un peu extravagante de la ville cesse aux heures les plus chaudes de la journée. Alors, surtout pendant l'été, Alger prend un caractère exclusivement oriental. Les rues se vident ou peu s'en faut, le soleil y descend tout droit, et le silence y descend avec lui, un silence ravissant à écouter, sans murmure de brise ou de feuillage. La ville dort, voluptueusement enveloppée dans ses murs blancs tapissés à l'intérieur de tuiles fraîches, et l'on voit, dans la pénombre des échoppes comme à la porte des cafés, les Maures et les Arabes accroupis causer entre eux, tout bas, en se défendant mollement contre les pesanteurs d'un demi-sommeil. Quelques-uns jouent aux échecs, en fumant et buvant, à petits coups, une tasse de café. D'autres travaillent à quelque broderie, avec un air féminin et minutieux. Les Juifs surtout, groupés en rond, jambes croisées, taillent, cousent, piquent des morceaux d'étoffes avec l'agilité de gens qui connaissent le prix du temps. Et les Mauresques, accoudées à la devanture des boutiques, bavardent entre elles sous leurs masques blancs, pendant que de jeunes hommes, beaux comme des dieux, couronnés de chapelets de fleurs de jasmin, se promènent nonchalamment, en chantant ces chants sans suite, énervants, faux souvent, mais qui font rêver.

Le soir, il faut aller sur la place du Gouvernement pour étudier un Alger tout nouveau et au moins aussi bizarre. La place du Gouvernement est le *forum* des Européens. Figurez-vous un vaste espace compris entre des maisons à arcades, planté d'arbres sur trois côtés, et faisant face à la mer. Des cafés sont distribués sur les bords. Là, dès que le soleil s'est abaissé sous l'horizon, un orchestre militaire, en plein vent, joue des marches et des airs de contredanse, et la foule, oisive dès lors, vient écouter la musique en cherchant la fraîcheur absente. On y rencontre, tour à tour, le colon militaire, vieil officier qui a gagné tous ses grades sur la terre d'Afrique et cultive maintenant un petit champ dans la plaine de la Mitidja; le colon débarqué immédiatement à la suite de la conquête, qui a fait le coup de feu avec les Arabes et a vu des villages entiers dépeuplés par la fièvre; l'industriel à l'air inquiet et cachottier, toujours occupé d'emprunts, de procès, d'achats de créances et d'usure; le négociant de Marseille, gai, rond, railleur, bon enfant, reconnaissable à cet accent qui le fait rire de lui-même; des magistrats enfin, des marins, de jeunes officiers; et aussi quelques touristes revenus de loin, du M'zab, de Tunis ou de Tripoli, par exemple. Ceux-là sont bronzés par le soleil, le désert leur appartient, et malheur à qui en parle ! Ajoutez à cette foule habillée de vêtements commodes et lâches, des femmes de marchands et d'employés, et quelques courtisanes rieuses étalant l'ampleur de leurs crinolines sur l'asphalte; rappelez-vous que tout ce monde se promène, s'aborde et pérore à la lueur du gaz et des étoiles, et vous aurez une image fidèle du spectacle que présente, chaque soir, la place du Gouvernement, à Alger.

Il n'y a jamais là, comme partout, du reste, dans l'Afrique française, qu'un unique sujet de conversation. Qui que ce soit que vous écoutiez, vous êtes sûr d'entendre la même chose. Les Maures, les Juifs, les Arabes, les soldats, les employés, les négociants, les voyageurs et les femmes ont un *dada* qui les travaille et délie leurs langues. Du matin au soir, on les surprend occupés à une discussion sempiternelle, qui a commencé le jour même de la conquête et ne se terminera probablement jamais, car on se la transmet dans les familles, avec les faits à l'appui et les arguments. A peine débarqué, cette discussion vous prend au collet, et elle ne vous lâche pas un instant pendant toute la durée de votre séjour. Les domestiques dans les hôtels, les cochers sur les fiacres, les zouaves dans les casernes, les Maures dans leurs boutiques, les Bédouins sous les tentes, les fonctionnaires dans leurs bureaux, les Mauresques sur leurs divans, les Kaouadji devant leurs fourneaux; tous ceux qui pensent, agissent et parlent n'ont qu'une idée, qu'un but, qu'une préoccupation; et cette préoccupation, honorable, du reste, mais qui dégénère en manie et devient ridicule par sa persistance, n'est autre chose que la grande question de l'*avenir de la colonie!*

Pendant les premiers jours de ma résidence à Alger, j'en riais et me défendais de mon mieux contre elle, la trouvant un tant soit peu obsédante. Je faisais doucement observer à mes nouveaux amis que je n'étais pas arrivé de France, comme tant d'autres, avec un système de gouvernement colonial dans ma poche; qu'au fond, il m'était assez indifférent de rencontrer, en Afrique, le pouvoir d'un portefeuille ou d'une épée; que j'étais seulement curieux de mœurs, de costumes, d'anecdotes, de types, de paysages, d'édifices, choses futiles, certainement, mais qui captivent et captiveront toujours, grâce à Dieu, l'imagination des artistes; que je priais chacun en particulier, et tout le monde en général, de vouloir bien me laisser tranquille; rien n'y fit. On rusa avec moi, on m'enlaça dans un réseau de prévenances et d'attentions des plus aimables, mais des plus sournoises. Sous prétexte de m'inviter à dîner, on me fit avaler des discours économiques. En me promenant dans les ruelles de la ville haute, on m'entretint d'améliorations urbaines. En m'accompagnant au Jardin d'Essai, on me régala des théories les plus ingénieuses sur l'agriculture. Enfin n'y tenant plus, de guerre lasse et à moitié fou, je me déclarai vaincu pour obtenir la paix. Ce fut ma perte. Un mois après je discutais avec autant de furie que les autres.

Il y a du reste à Alger une très-grande liberté de discussion. Chacun s'en donne à cœur joie d'appréciations plus ou moins exactes. La seule chose que personne ne voit, ou du moins à laquelle personne ne songe, c'est qu'il faut un espace de temps considérable pour fonder une grande colonie ; que la France, qui a déjà fait d'énormes sacrifices d'argent et d'hommes pour l'Afrique, ne peut pas transporter toutes ses forces actives de l'autre côté de la Méditerranée, s'y verser elle-même pour ainsi dire ; qu'il y a dix ans encore, nous n'étions pas très-sûrs de posséder le sol, et que, depuis dix ans, nous avons créé des routes, défriché des landes, assaini des marais, bâti des villages, aménagé des forêts, construit des hôpitaux, des magasins, des entrepôts, curé des ports, creusé des puits et rendu la tranquillité à une étendue de pays considérable, où, selon l'expression arabe, *la poudre parlait* tous les jours. On oublie un peu trop là-bas — j'en demande pardon à des gens animés tous de l'amour du *bien*, et qui n'ont d'autre tort, selon moi, que de vouloir faire le *mieux* instantanément — les services rendus par MM. les maréchaux Bugeaud, Randon, Pelissier et d'autres officiers moins illustres à l'Afrique française. Et quand on dit, par exemple : « La France ne fait rien pour la colonie ! » on dit simplement, — j'en demande pardon encore à quelques-uns de mes amis africains, — on dit simplement des bêtises.

Mais quittons la place du Gouvernement. On

y parle trop d'affaires, vous le voyez, et d'ailleurs il est huit heures, et le canon du stationnaire vient d'annoncer la fermeture du port. Les clairons sonnent la retraite dans les rues ; la musique s'est tue, et chacun rentre chez soi. Nous allons, nous, recommencer l'ascension de la haute ville pour voir comment les indigènes passent la nuit, et, si la fatigue vous prend en route, je vous introduirai dans des intérieurs qui ne manqueront ni d'originalité ni de charme.

La nuit, dans les rues du vieil Alger, produit des effets tout particuliers, dus aussi bien à l'excessive pureté du ciel qu'à la forme des maisons et à leur couleur d'un blanc uniforme. Les murs étant très-rapprochés, la lueur des reverbères, en tombant sur le pavé gras, rejaillit sur eux, et le ciel semble alors un grand voile d'un bleu sombre et diamanté tendu juste au niveau des terrasses. Selon que les rues tournent dans un sens ou dans l'autre, leurs angles disparaissent absolument, ou, attaqués en plein par la lumière, enlèvent leurs arêtes saillantes sur un fond d'ombres azurées. Il n'y a presque point de passants, les bazars sont fermés, et l'on voit, à travers leurs grilles de fer, des Biskris couchés en travers du seuil des boutiques. Certaines ruelles, avec leurs poutrelles blanches qui s'entre-croisent à hauteur d'homme, sont toutes pleines d'un silence sinistre, et les pas y détonent de façon étrange; d'autres sont comme remplies de murmures, et l'on entend des chants s'exhaler des maisons qui les bordent, avec le froufrou des guitares et le ronronnement des *darboukas*. On entend aussi des bruits de pilons martelant des mortiers de fer; et dans toutes ces galeries à ciel ouvert, on respire un air chaud et moite, saturé d'un goût de fleurs.

Dès le coucher du soleil, les Mauresques et

les Juives quittent la ville française et se retirent dans le haut quartier. Les dernières s'asseoient alors au seuil de leurs portes, le dos au mur, sans parler, allongeant leurs pieds nus devant elles, et le mur blanchi à la chaux sert de repoussoir à leur costume aux couleurs violentes. Les premières s'enferment chez elles, ou bien, enveloppées dans leurs haïks blancs, elles marchent vers quelque but inconnu, très-vite, en rasant le bord des maisons, et parfois des négresses les suivent, causant tout bas avec elles, dans cette langue musicale et sonore qui, à elle seule, est une poétique révélation de l'Orient.

Que se passe-t-il, le soir, dans ces demeures qui se dressent comme autant de blanches énigmes devant les Européens nouveaux venus? Que signifient ces chants si doux qu'on entend à travers les murs? Soulevez le marteau d'une porte, tout se tait aussitôt, et vous voyez alors une brune tête inquiète apparaître au milieu d'une baie étroite, et la lumière, en s'épanchant autour d'elle, lui fait une large auréole. *Ache koune?* vous dit-on à voix basse. *Qui est là?* Il est bon d'entendre l'arabe à Alger quand on est curieux des mœurs locales. J'ai connu bien des gens qui n'avaient pas, auprès des Mauresques, d'autre moyen de séduction.

On cause beaucoup la nuit dans les rues du haut quartier, et les rares promeneurs surprennent des bribes de conversations intéressantes. Parfois, c'est un Arabe enfermé dans les plis de son burnous, qui demande l'hospitalité à travers la porte massive de quelque maison d'apparence discrète. Parfois, c'est un Français qui, de la rue, cherche à lier connaissance avec une femme indigène embusquée à sa petite fenêtre, ou s'amuse tout simplement à lui débiter des madrigaux. Il y a aussi des gens qui chantent pour toucher le cœur de leur belle. Et la belle répond souvent de l'autre côté du mur, sans se montrer. L'effet de ces duos, ou plutôt de ces chansons aux couplets alternés, n'est pas sans grâce. En voici une que j'ai entendu chanter un soir dans la rue Sidi-Abdallah par deux amoureux qui ne pouvaient se voir.

« Dépouillé de ma raison,—disait l'Arabe dans la rue,—méprisé dans les villes où j'erre, torturé par les peines d'amour ;

« Je vis dans le désespoir, — reprenait la Mauresque dans sa maison, — je vis dans le désespoir de n'avoir pas deux cœurs; l'un servirait à mon existence particulière, l'autre serait livré aux tourments de l'amour. »

L'Arabe continuait aussitôt : — « Mais, hélas ! je n'en ai qu'un dont l'amour s'est emparé, de sorte que je n'ai à espérer ni paisible existence, ni trépas prochain.

« Et je suis, — répondait la Mauresque, — comme l'oiseau que tient dans sa main un enfant, et auquel, en se jouant, il fait goûter les angoisses de la mort. »

Je pense que vous ne serez pas fâché de connaître au moins un de ces intérieurs où l'on chante le soir, et souvent même dans la journée. Supposez donc que je suis un ami de la maison et permettez que je vous en fasse les honneurs. D'abord, ne vous attendez pas à trouver ici, plus qu'autre part, à Alger, un ameublement somptueux et de haut style. Je vous l'ai dit : l'ameublement tient peu de place dans la maison mauresque ; pour mieux dire, il ne brille guère que par son absence. Celui de la pièce principale où l'on reçoit les étrangers consiste en trois petits matelas étendus à terre sous le *koubbâ*, et formant trois côtés d'un rectangle. Des tapis fort ordinaires, de l'espèce de ceux que nous nommons à Paris *descentes de lit,* sont appliqués sur ces matelas, et au centre du rectangle, dans l'espace vide, un grand plateau d'étain s'arrondit, chargé d'une coupe pleine de pepins de grenade, ou d'un gros bouquet dans un pot.

Il n'y a qu'une très-petite fenêtre ouverte dans le mur de la chambre. Le peu de jour qui l'éclaire lui vient de la porte, ainsi que vous le savez. Cette chambre, comme toute la maison, du reste, est d'une propreté exquise, soigneusement blanchie au lait de chaux et carrelée de tuiles à fleurs. A l'une de ses extrémités, un bout de rideau de mousseline blanche, à franges d'or, à demi relevé sur une ficelle, laisse voir un petit lit en fer pareil à ceux dont on se sert dans les colléges et les hôpitaux. A l'autre extrémité s'élève une commode des plus vulgaires, à côté d'un grand coffre turc agréablement peinturluré. Le reste de l'ameublement pend un peu au hasard le long des murs et se compose d'une étagère en bois découpé et colorié où l'on accroche les colliers d'ambre et les fichus, d'un miroir à cadre sculpté, d'une guitare à gros ventre et à quatre doubles cordes appelée *kouitra*, de chasse-mouches de paille en forme de petits drapeaux. Voilà. Il y a bien aussi par-ci par-là, sur des planches, un tas de fioles et de choses sans nom qui servent à la toilette des femmes, mais ce n'est pas la peine d'en parler.

Je suis vraiment désolé de vous présenter cet intérieur mauresque dans sa vérité vulgaire; mais depuis qu'on m'a appelé *réaliste*, je me crois tenu à ne pas écrire un seul mot qui ne soit l'expression de la plus exacte vérité. Que d'autres essayent d'*arranger* l'Afrique; pour moi, je décris ce que je vois, et tant pis si ce que je vois n'est pas beau !

Il me reste à vous présenter... comment dirai-je? la dame ou la maîtresse du logis.

Hélas ! ici encore, j'ai peur de vous désillusionner. Mes souvenirs sont tout remplis de portraits de Mauresques ; mais il y en a peu de jolies ; trois ou quatre tout au plus sur près de cinquante modèles. N'importe ! celle que nous avons choisie est jeune et peut passer pour agréable. Assise sous un *koubbâ*, dans son grand costume de gala, jambes croisées comme un faquir, le pied nu relevé sur le genou, tenant le ventre de sa guitare serré sous un bras, l'autre bras allongé au haut du manche, elle agace les cordes de l'instrument avec un brin de jonc. Inutile de vous dire que ses bras sont de la couleur des oranges, que les ongles de ses pieds sont noircis par des touches de *henna*, que des pantalons bouffants en satin blanc, à fleurs d'or, s'évasent sur le divan autour d'elle, et, serrés aux jarrets, retombent jusqu'au milieu de ses jambes nues. Sa chemisette à fleurs, transparente comme une buée, couvre son buste sans le cacher, et descend au-dessous de ses hanches avec deux longues bandes de soie cramoisie. Un ruban jaune est noué autour de son cou, avec un collier à huit rangs de perles fines ; un foulard bleu à bandes d'or coupe son front de biais, et disperse ses longues franges jusqu'au milieu de son dos ; la peau fine de son visage, cette peau que le soleil n'a jamais mordue de ses rayons, se rose aux pommettes de ses joues, et tire un éclat merveilleux d'une *mouche* posée à la tempe ou au menton. Enfin, elle a les lèvres rouges, les dents très-blanches, les yeux noirs ombragés de lourdes paupières, les sourcils peints ; quelque chose de craintif et de résigné dans toute la physionomie qui ressemble à l'expression d'une bête fauve prise au piége. Mais cette expression s'atténue quand elle marche dans sa chambre. Alors elle affecte de se cambrer élégamment comme un cheval naturellement ensellé, qui fait le beau devant son maître.

J'oubliais d'attirer votre attention sur un détail de sa coiffure des plus charmants. Une guirlande de fleurs de jasmin d'Arabie, enfilées comme les grains d'un chapelet, décrit une spirale élégante autour de sa tête, recouvrant à demi un diadème de diamants, et retombant, de chaque côté, le long de ses joues. J'oubliais de vous dire aussi qu'une ceinture plate et très-lâche, en soie brodée de fils d'or, prend sa hanche par le travers. Les Mauresques adorent le mariage des beaux vêtements, des fleurs et des bijoux. Elles n'en portent jamais de faux, et, depuis leurs anneaux de jambes jusqu'à leurs bagues et leurs boucles d'oreilles, tout ce qui reluit sur elles est de bon et de fin or. Avis aux étrangers, s'ils désirent leur faire quelques cadeaux.

J'aurais pu vous présenter une femme plus

belle. Telle qu'elle est, cependant, Anifa ne manque ni de grâce ni de distinction. Elle représente assez bien, pour moi, toute sa race qui n'a point la suprême beauté des *Koulouglis* (enfants nés du mariage des Turcs et des Mauresques), ni le type moins beau qu'étrange des femmes arabes. Sa grâce même consiste plutôt dans son attitude habituelle et dans son geste, que dans les lignes de son visage et dans l'expression de sa physionomie. Quand, par exemple, elle lève le bras pour ajuster son foulard et que ses quatre cercles d'or très-minces glissent en bruissant jusqu'à son coude, la pose qu'elle prend instinctivement est d'un effet inouï. En somme, elle est bien faite et mignonne, avec les attaches des pieds et des mains très-déliées, et puis elle chante à ravir, avec une voix grave, en levant les yeux au ciel, comme si, sur la terre française qu'elle habite, elle avait quelque chose à regretter.

Remarquez, cependant, combien cette femme — sans éducation — connaît à fond la science à demi perdue chez nous du savoir-vivre. Nous causons ensemble depuis une demi-heure ; elle ne s'avise point de se mêler à notre conversation. Nous l'interrogeons, elle répond d'un air modeste. Nous la prions de chanter, elle chante. Elle verse elle-même, dans les tasses, le café qu'il est d'usage d'offrir aux étrangers. Il nous prendrait l'idée de nous endormir sur les divans où nous sommes allongés, elle ne s'en choquerait point. C'est que nous sommes ses hôtes. Le plus pauvre des musulmans trouve pour ses hôtes une réception cordiale ; ils sont les envoyés de Dieu dans sa maison.

Les Mauresques sont folâtres, évaporées, et bavardent comme des pies, parlant toutes ensemble avec une volubilité extraordinaire. Les cancans les amusent peut-être plus encore qu'ils n'amusent les Françaises. Elles dénigrent assez

volontiers les ajustements de leurs voisines et
de leurs amies. Elles n'aiment pas les Européennes, et elles critiquent leurs façons de s'habiller, de marcher, de parler. Leurs gants, leurs
ombrelles, leurs jupons, leurs crinolines surtout, sont le texte habituel de leurs sarcasmes.
En revanche, les Européennes qui habitent
Alger refusent aux Mauresques toute grâce et
toute beauté. C'est un spectacle amusant et
dont je ne me suis pas privé, je l'avoue, que
celui d'une Mauresque et d'une Parisienne aux
prises. La malice des deux races est égale,
comme la ruse; mais la Mauresque l'emporte
sur la Parisienne en passion.

Je ne vous en dirai pas plus long, pour le
moment, sur les femmes indigènes, car nous
n'avons pas fini de parcourir la haute ville.
Reprenons notre ascension. Je vous conduis au
café maintenant. Le café, chez les Maures,
comme chez nous, est le lieu public où l'on va

pour *tuer le temps*, rencontrer ses amis et apprendre les nouvelles. Celui où je vais vous introduire est l'un des plus fréquentés du vieil Alger. On y chante des chansons arabes chaque soir. Regardez, mon cher maître, l'étrange réunion d'individus! Dans cette salle aux murs éraillés sont alignés des bancs de bois sur lesquels les Arabes, empaquetés dans leurs burnous, se pelotonnent. Ils ont tous à peu près la même pose : jambes croisées, un pied à terre, le coude sur la cuisse, la tasse de café à la main et le dos arrondi. Chacun d'eux, la tête enveloppée dans son haïk, le front ceint de la corde en poil de chameau, les pieds nus, écoute avec ravissement la voix du chanteur. Le chanteur le plus célèbre d'Alger est un M'zabite. Le voici là-bas, étendu sur une table, le dos au mur, la tête fléchie en arrière, une jambe repliée sous lui, l'autre allongée, l'œil perdu dans une sérénité douce, et montrant ses dents blanches. A ses côtés, et accroupis sur la même table, trois musiciens soutiennent sa voix de leurs instruments. L'un est un Maure tout vieux et tout cassé, édenté, au chef branlant, à barbe blanche, qui gratte avec un fragment de baguette les cordes de sa *kouitra*; l'autre, qui joue du *rebab*, ou, si vous l'aimez mieux, du rebec, est également un Maure, mais il est tout jeune et ne porte pas encore le turban; le troisième est un Juif au costume bâtard; ses jambes sont couvertes de bas bleus, et autour de son cou s'enroule une cravate noire; il tient son petit violon, *kamentcha*, debout sur sa cuisse, et frotte les cordes en travers avec son archet; le quatrième est un vieux nègre qui serre sous son bras un pot de grès très-allongé, dont l'ouverture est bouchée par une feuille de parchemin. Cet instrument, nommé *darbouka*, n'a qu'une note, qu'on obtient en frappant le parchemin du bout des doigts. Je n'affirmerai pas que cet orchestre puisse soutenir la comparaison avec celui du Conservatoire, mais, tel qu'il est, il produit un étrange effet de nostalgie. La musique arabe n'est pas un pur charivari, comme on le pense; elle est très-variée, d'abord, pour les oreilles exercées, et puis elle vous laisse dans l'âme je ne sais quoi de doucement triste qui l'impressionne. Il y a comme un regret de patrie absente dans la monotonie de ses refrains.

Cependant le *kaouadji* — cafetier — active le feu de son fourneau, où les bouilloires d'étain sont échafaudées les unes au-dessus des autres, pendant que ses acolytes, munis de petites pinces en fer, guettent de l'œil les fumeurs pour leur porter des charbons. Les tasses, pleines de moka à l'eau de rose, — le plus délicieux des breuvages, — circulent tout le long des bancs, et de temps à autre un Arabe, se levant et rassemblant autour de lui les plis de son burnous, reprend ses *sabbat* à la porte, se chausse et salue gravement l'assemblée. Un pot de basilic est dans un coin, près d'un bocal de poissons rouges; une lampe pend au plafond, projetant sur les visages basanés sa lueur rougeâtre; la fumée des cigarettes flotte nonchalamment sur les têtes, et le M'zabite, sans se soucier qu'on entre ou qu'on sorte, comme s'il chantait pour lui-même, incline de plus en plus la tête en arrière, et multiplie ses coups de gosier.

Pendant le jour, les cafés maures ont une physionomie différente. On n'y chante pas, on y cause; et c'est une succession perpétuelle d'allants et de venants. Les nouvelles de France, à l'arrivée de chaque paquebot, y sont recueillies et commentées par les Arabes de passage qui s'en vont aussitôt les transmettre dans leurs tribus. On y voit souvent des marchands français de la ville, mais ni les officiers ni les soldats n'y mettent les pieds. A peine quelques spahis ou turcos s'y arrêtent-ils. En revanche, les chefs arabes ne manquent pas dans les cafés européens, et c'est un spectacle assez triste que de les voir publiquement avaler des verres d'absinthe et singer les manières de leurs vainqueurs, sous prétexte de civilisation.

Quittons le café maure de la rue Desaix et montons plus haut encore dans la ville. Le nouveau quartier où nous entrons s'étend depuis les remparts de la Kasbah jusqu'à la rue Kattaroudjil : étrange quartier composé de ruelles étroites et fangeuses, de cabarets et de maisons borgnes. Si ce n'était l'horreur du lieu, on le prendrait pour un de ces recoins de la Rome antique voués à la Vénus mercenaire. Chaque porte a été élargie de manière à former une sorte de vestibule apparent; une lanterne reluit en rouge au-dessus, et, sur des bancs de bois, des femmes — le rebut des femmes de Marseille et de Mahon — agacent les passants en échangeant avec eux des propos de halles. C'est ici qu'il faut venir, quand on est malheureux, pour trouver un peu de courage. Le spectacle de la misère aux prises avec les derniers efforts de la jeunesse, de l'impudeur mêlée à la lourde ivresse de l'absinthe, tout le côté hideux de l'humanité démasqué; le fard sur des joues pâles, sillonnées de rides; les fleurs sur des fronts déjà flétris; des voix rauques sortant de bouches d'enfant; des souliers de satin traînant dans les ruisseaux; l'odeur du vin; les chants obscènes; une soldatesque avinée errant de porte en porte avec de vagues hésitations; tout cela vous rehausse à vos propres yeux, car il y a au fond du cœur humain je ne sais quoi de hautain, à qui ne déplaît pas la vue des difformités sociales.

La foule qui se remue dans ces ruelles infectes est composée de turcos, de matelots, d'Arabes, et de ces misérables sans état qui pullulent dans les faubourgs des grandes villes. Chaque soir cette écume de la société algérienne s'élève à la surface de la cité et s'en va s'étaler dans l'égout des crapuleux plaisirs. Tous ces malheureux abrutis se coudoient avec des hoquets d'ivrognes et des chants qui ressemblent à des hurlements d'hyènes. Ils se bousculent, se battent et s'injurient; souvent les couteaux reluisent sous les lanternes. En haut et en bas du quartier infâme sont installés des postes de soldats barrant les rues, et les sentinelles, fusil au poing, ne suffisent pas toujours pour éviter l'effusion du sang dans ce repaire de bêtes humaines.

Redescendons maintenant, et profitons, pour nous échapper, du passage de cette ronde de police. Ce sont les chaouchs du bureau arabe départemental qui veillent au maintien de l'ordre dans la ville des indigènes. Pendant que ces dix hommes silencieux, le burnous ployé sur l'épaule, défilent sur la pointe des pieds dans ces ruelles, leurs turbans roulent confusément sous les réverbères, et l'on entend leurs cannes, à chaque pas qu'ils font, heurter avec un bruit de fer le pavé sonore.

Ils se sont éloignés, la rue est solitaire. Mais, à l'angle de ce carrefour, au bord de cette fontaine dont l'eau chante à petit bruit dans sa vasque de marbre, un homme est accroupi, faisant silencieusement ses ablutions. Admirable souci de la pureté du corps! Ce manœuvre, qui s'est fatigué tout le jour à charrier du sable et des pierres, avant de regagner le seuil de la mosquée où il couche, accomplit, en se purifiant, un acte religieux.

Maintenant, la ville dort, protégée depuis le port jusqu'aux remparts crénelés de la Kasbah par les sentinelles françaises. Vainqueurs et vaincus reposent ensemble, chacun dans leurs quartiers respectifs. Il n'y a plus personne dans les rues, sauf quelques indolents qui, roulés dans leurs burnous, ronflent, dispersés çà et là sur les marches des édifices publics. Alger, à cette heure silencieuse, où les gens les plus tardifs sont rentrés et les plus matineux ne sont point encore éveillés, Alger est livré aux chats. On les voit, énormes, les yeux brillants, le poil hérissé, errer sur les parapets des terrasses, regarder la mer au loin, puis descendre lentement, en s'appelant par des miaulements aigres, et ce sont alors des concerts bizarres. Parfois, trois ou quatre d'entre eux, poursuivant la même entreprise, se rencontrent, s'attaquent, et dégringolent tous ensemble, en se mordant, sur le pavé. Étranges animaux qui rêvent tout éveillés, dont les amours ressemblent à des combats furieux, se plaisent à se mouvoir dans le silence et à dilater leurs yeux dans l'ombre!

III

Différentes races indigènes de la ville d'Alger. — Les amins. — Types maures : caractères généraux de leur race. — Le haschich. — Les Mauresques : costume de rue. — Les repas. — L'aumône. — Fêtes indigènes : n'bitta ; danses ; libations ; n'bitta publiques ; ventriloquie ; Garagouz ; les derdebah. — Arabes de passage à Alger. — Les Maures à la mosquée. — Le tribunal du cadi. — Le muphti. — Mœurs de la race maure.

Je voudrais maintenant vous entretenir des différentes races indigènes qui habitent la ville d'Alger. Elles se divisent en deux classes : les *hadars* ou citadins, constituant la population fixe attachée au sol de la cité ; les *berranis* ou étrangers, composés d'artisans et de commerçants venus du dehors, pour y exercer momentanément leur industrie. Les premiers, pour la plupart, appartiennent à la race maure et à la race juive. Les derniers viennent de la Kabylie, de Biskra, de Laghouat, de l'oasis des Beni-M'zab et du pays des nègres. Ils forment une population flottante et exercent chacun un métier différent. Ainsi le Kabyle se loue comme manœuvre, et plus souvent comme cultivateur ; le Biskri comme portefaix ; le M'zabite comme baigneur, étuviste, boucher, égorgeur ; le Laghouati comme épurateur d'huile ; la négresse comme servante ; et le nègre, sans doute par amour pour l'opposition des couleurs, blanchit les maisons à la chaux avec un gros pinceau, mal fait, qui l'éclabousse.

Tous ces individus n'ont qu'un but en venant s'établir à Alger : économiser le plus vite possible, et à force de privations, le pécule qui leur permettra de vivre dans l'aisance au pays natal. Aussi s'acharnent-ils à leur tâche avec patience, et trouvent-ils des moyens d'économie fabuleux. La plupart d'entre eux, par exemple, n'ont pas de domicile, et couchent chaque nuit dans les cafés, dans les bazars, à la porte des mosquées ou, pour appeler les choses par leur nom, à la belle étoile.

Au moment de la conquête, ces *berranis* formaient à Alger un certain nombre de corporations que surveillaient des *amins* (syndics) soumis à l'autorité du chef de la ville. Mais l'invasion française relâcha nécessairement la discipline de tant de gens qui n'avaient aucun intérêt à favoriser l'établissement de notre pouvoir, et, en peu de temps, cette population flottante se trouva abandonnée à elle-même et commit des désordres de toutes sortes.

Il fallut réorganiser les corporations et trouver le moyen de les placer sous la surveillance de l'autorité française ; c'est ce qu'on fit en modelant étroitement la nouvelle organisation sur l'ancienne. Aujourd'hui, chaque *berrani* arrivant à Alger pour y exercer son industrie doit se présenter devant le représentant de l'administration. On lui délivre une plaque portant le nom de sa corporation et un livret indiquant son nom, son origine et son signalement. Les différents maîtres qui l'emploient consignent leurs observations sur ce livret, et lorsqu'il veut quitter la ville, il doit échanger son livret contre un permis de départ. Quant aux différends qui peuvent s'élever entre les *berranis*, et aux actes d'insubordination dont ils se rendent coupables, les *amins* de toutes les corporations les jugent, réunis en tribunal sous la surveillance de l'autorité.

Je tenais à vous donner ces éclaircissements, parce que la première chose qui me préoccupa en arrivant en Afrique fut de savoir par quel moyen la France maintenait dans l'ordre tant de gens appartenant à des races diverses et qui me paraissaient, à première vue, fort difficiles à gouverner. C'est un fait digne d'intérêt que de voir comment les agents français parviennent à discipliner des hommes dont la religion, les mœurs, les habitudes ressemblent si peu aux nôtres, dont la plupart ne comprennent pas notre langue, et qui, si on les laissait faire, ne demanderaient pas mieux que d'abuser de leur liberté. Les *amins*, par leurs frottements répétés avec les employés de l'administration, ont rendu cette tâche possible. Ce sont eux qui, dans les rues, dans les marchés, dans les cafés, dans les bazars, sur les places, reconnaissent l'indigène étranger, l'interrogent séance tenante, décident si on doit le laisser libre, apaisent les disputes, font cesser les rixes, protégent enfin les citoyens paisibles contre les agressions plus ou moins subtiles des fripons, des ivrognes et des hommes violents. Que de fois ne les ai-je pas vus, le soir, entrer chez les barbiers ou dans les cafés, pour arracher du refuge où il se cachait le malfaiteur qui avait mis aux abois tous les agents de la police ! Eux seuls savaient le reconnaître à des signes imperceptibles pour tous autres, à son accent, à une cicatrice, à la manière dont il portait le burnous ou dont il traînait la jambe en marchant. Mais après ces préliminaires indispensables, je crois qu'il est temps que nous fassions connaissance avec les *amins* de la ville d'Alger.

Ce fut chez mon voisin, le caïd du Hamma, que je les vis réunis pour la première fois. Le caïd m'avait invité à déjeuner, ou, si vous l'aimez mieux, à prendre ma part d'une *diffa* qu'il donnait dans son jardin, à l'occasion de je ne sais quel anniversaire de famille. Le jardin, assez vaste, était tapissé d'une herbe roussie, sans allées, et il y poussait au hasard des pieds de vigne, de gros figuiers dont les branches traînaient à terre, des grenadiers et des lauriers par buissons, le tout encadré dans une haute bordure de broussailles et d'aloès. La maison mauresque s'élevait au milieu, assez pauvre et toute blanche, comme un gros cube de plâtre, et des vaches avec leurs veaux erraient à travers les vignes, gardées par un enfant dont la *chechia* se détachait en rouge sur les feuilles vertes.

Quatre figuiers, dans un angle du jardin, formaient une sorte de quinconce. Le vent d'ouest soulevait leurs rameaux avec des froissements d'étoffe. On avait étendu des tapis entre leurs troncs, avec des coussins brodés, et, sur ces coussins, six hommes accroupis et déchaussés jouaient aux cartes. Leurs *sabbat* étaient dispersés autour d'eux, avec leurs cannes, leurs tabatières et leurs sacs à tabac. Leurs burnous se balançaient aux branches des arbres.

Les deux hommes qui se trouvaient le plus près de moi, se chamaillant avec volubilité, étaient Ali-ben-Omar, amin des Kabyles, et son homonyme Ali-ben-Omar, secrétaire du bureau arabe départemental. Le premier, encore jeune, chaussé de demi-bas, les mollets nus, portait une large culotte de calicot blanc, la ceinture de soie cramoisie, le gilet blanc et le turban. Il n'avait point de barbe au menton, mais une longue moustache noire tire-bouchonnée donnait un air martial à son visage basané empreint de ruse. Je reviendrai plus d'une fois sur le compte de cet Ali, l'un des types les plus saillants que j'aie rencontrés en Afrique. C'est pourquoi je crois devoir appeler votre attention sur lui dès à présent.

Le second, le secrétaire du bureau arabe, était gras, replet, avec une barbe grisonnante, des sourcils un peu en biais et des yeux fins. Il avait replié sous lui ses pieds nus, et son costume était en tout semblable à celui de son homonyme, sauf sa culotte et ses gilets qui tenaient un peu moins de la couleur blanche que du gris de perle. De temps à autre, surtout quand les cartes le favorisaient, il levait sur moi ses yeux noirs, et quand il avait gagné la partie, il partait d'un immense éclat de rire qui faisait sauteler sa bedaine; puis il cassait du bout des doigts une petite branche de lentisque et la plantait sur le turban de son adversaire, selon l'usage, pour marquer ses points.

À côté de ces deux respectables personnages étaient accroupis Kara-Mohammed, l'amin des nègres, Tahar-ben-Mohammed, amin des Biskris, et Bakir-ben-Omar, amin des M'zabites. Ce dernier ne jouait pas. Soigneusement enveloppé dans son haïk blanc comme la neige, avec le capuchon de son burnous tombant au ras de ses yeux, il regardait ses confrères d'un air tranquille, en croisant ses deux mains larges et brunes contre ses genoux relevés. Sa tête basanée, sa barbe noire, taillée en pointe, son nez courbé en bec d'aigle, ses yeux étincelants sous ses sourcils froncés ne pouvaient altérer l'expression de bonhomie étendue sur son visage. Les deux autres qui jouaient ensemble étaient vêtus de culottes grises, de ceintures rouges, et les larges manches de leurs chemises découvraient leurs bras nus, mais ils ne se ressemblaient guère : le Biskri était gras comme un poussah et très-jovial; le nègre, au contraire, maigre, osseux et taciturne, avec des bouquets de poils blancs hérissés sous son menton, avait l'air d'un chat noir aux babines empoissées de crème. Quant au président du tribunal des amins, Ali-Kzadri, vieux Maure de moyenne taille, à figure flasque, étendu sur son tapis, il rêvait à l'écart en poussant de gros soupirs.

Je ne vous ferai pas la description de la *diffa*, qui fut copieuse et me donna des pesanteurs d'estomac pendant huit jours. Ce qu'il m'importe de vous dire, c'est qu'elle établit entre les amins et moi des relations suivies dont je fus trop heureux de profiter. Il ne se passa guère de semaines, pendant trois mois, sans que je rendisse visite à leur tribunal, et là, tout en dégustant le café qu'ils m'offraient à tour de rôle, je fis un assez bon nombre d'observations. Tantôt c'était un Biskri qui venait se plaindre d'une Mauresque dont il avait déménagé les meubles, et la Mauresque, passant sa main rougie de *hennah* sous son haïk, expliquait au tribunal, avec force gestes, que le Biskri avait écorné ses meubles et qu'il était juste qu'elle retînt le prix de leur raccommodage sur celui arrêté à l'avance pour leur transport. Tantôt c'était une négresse accusant un Laghouati d'avoir répandu une jarre d'huile sur sa *melaïa*; le Laghouati réclamait la valeur de son huile, la négresse celle de son vêtement.

Tantôt c'était un nègre qu'un Kabyle avait battu; tantôt un Kabyle qui avait éreinté un nègre; tous deux voulaient de l'argent pour se consoler des coups reçus. Tantôt c'était une Juive accusant un M'zabite d'avoir volé les bagues qu'elle avait oubliées au bain, et le M'zabite, pour prouver qu'il n'avait pas volé les bijoux, présentait au tribunal ses dix doigts, dépourvus d'anneaux, d'un air ingénu. Toutes ces causes, en somme, étaient assez puériles, mais je les trouvais pleines d'enseignements. Les amins, accroupis à la file sur le divan, en suivaient les péripéties avec un air de bonne volonté méritante, et moi qui représentais le public, je me les faisais expliquer par le premier venu. De temps à autre, les juges se reposaient en fumant une cigarette, et, le vendredi, ceux qui n'allaient point à la mosquée déployaient un lambeau de tapis dans un coin pour faire leur prière. Tout se passait en famille à la barre de ce tribunal primitif, et je crois me ressouvenir que les amins me consultèrent plusieurs fois. Mais j'étais un peu chiche dans mes appréciations, n'étant point payé pour les faire connaître. On m'enhardissait alors en me disant aimablement qu'un Français ne pouvait jamais se tromper.

Celui de tous ces juges au petit pied qui m'intéressait le plus, vous l'avez compris, c'était Ali. Ali seul, en effet, dirigeait les débats avec un instinct de vieux procureur. Nul moyen de le tromper, car il était plus roué à lui seul que les prévenus d'une session tous ensemble. Aussi l'administration l'appréciait-elle à sa juste valeur. Y avait-il à faire en ville quelque expédition dangereuse ou réputée impossible, on l'envoyait chercher, et, souriant avec confiance, il répondait du succès. Figurez-vous un grand diable, bien découplé, hardi, parlant le français comme un Tourangeau, buvant sec, en dépit du Koran, bon enfant à l'occasion, bourru par principes, maigre comme un échalas, agile comme un *slougui*. Avec cela, le verbe haut et la main leste, humble devant ses supérieurs; terrible pour ses subordonnés, bien coiffé d'un turban jaune et portant le burnous sur l'épaule gauche comme pas un! Je m'attachai à lui, à cause de son originalité. Il était familier cependant et vous gagnait à la main. Mais comme il connaissait Alger! Sans lui, je n'aurais fait làbas rien qui vaille? Qui, mieux que lui, dans la rue, plaçait la main sur son cœur et baissait le front pour saluer un marabout couvert de guenilles, puis, se tournant vers un bon vivant de colon de sa connaissance, lui disait : — *Bonjour, mon vieux, comment vas-tu?* — Type double, né du frottement de deux races rivales, ayant gardé les vertus extérieures de l'une et pris tous les vices de l'autre. La tête ne lui tournait pas, cependant, mais il m'avouait avoir envie de rire de lui-même, et franchement il y avait de quoi.

Puisque j'ai commencé à vous parler des indigènes, je continuerai. Les Maures prêtent à la plastique. Celui dont je vous entretiendrai maintenant est un épicier de la rue du Lézard, nommé Sidi-Hadji-Ahmoud-Boutalis. Il ne ressemble pas à Ali. Tout le jour vous le trouverez dans son échoppe, mollement étendu sur son divan, s'éventant avec son mouchoir ou causant avec ses pratiques. Devant lui sont étalés, sur sa devanture, des échantillons de café, de sucre, des épices, et même des pièces d'étoffe de Brousse, dont on se sert ici pour faire des gilets. La vie se passe pour lui, pendant le jour, à attendre les chalands, et, le soir, à se reposer chez sa maîtresse. Il est très-religieux. Il a fait le pèlerinage de la Mecque, ainsi que son surnom vous l'indique, et cependant, un soir, je l'ai vu bien malade pour avoir bu un verre de champagne de trop. Sidi-Ahmoud, quoique dévot, n'est pas parfait. C'est un très-brave homme, très-bon, qui parle avec une voix grasse. Il adore sa maîtresse, une Mauresque au teint jaune, aux lèvres épaisses, et la seule chose qui m'étonne dans leur liaison, c'est que, grâce au cadi, elle n'ait pas été déjà légitimée. Un soir, je fus le témoin involontaire de leurs ébats, et, de ma vie, je n'ai rien vu dont j'aie gardé souvenance plus radieuse. Ils étaient tous les deux accroupis sur un tapis, l'un devant l'autre, et se faisaient mille agaceries. La Mauresque prenait les joues de son amant dans ses mains, lui tirait doucement la barbe, chuchotait à son oreille des mots qui le faisaient sourire, puis, lui saisissant les deux mains, se rejetait en arrière, appuyait sa tête sur son cœur, et le bon pèlerin de la Mecque se laissait faire. Chaque soir, depuis quatre ans, il porte à sa maîtresse quelque cadeau : des sachets, des sacs à tabac, des chapelets de jasmin, du café, des étoffes, des grenades, de gros bouquets de roses ou de cyclamen; que sais-je? tout ce qu'un amoureux épicier et bon musulman peut trouver de plus agréable pour entretenir de bonnes relations avec une jolie fille. Sidi-Hadji ne gagne pas grand'chose dans son commerce, mais il est philosophe et nécessairement résigné à tout. Cependant, je le crois un peu jaloux, quoique tolérant, à ses heures. Il est peu d'hommes tout d'un bloc, même à Alger, et puis les femmes d'Alger sont si fines!

Mustapha-Rayato, fils du muphti, mène une vie plus régulière. Il est marié, très-religieux, et jamais une goutte de vin n'a souillé ses lèvres. Sa boutique d'*articles algériens* s'ouvre à l'angle de la place du Gouvernement et de la rue Bab-Azoun. C'est une boutique disposée à la française, avec une devanture vitrée. Mustapha n'y vient que le matin et le soir; il passe les heures les plus chaudes de la journée dans sa maison de la haute ville, et jamais on ne l'a vu oublier l'heure de la prière. Ce Maure est de ceux qu'on appelle *Andalous*, parce que leur famille émigra d'Espagne à l'époque des persécutions. Il n'a rien de martial dans la tenue ni dans le visage. C'est un bonhomme un peu bouffi, à figure insignifiante, à tenue correcte, qui se garderait bien de fumer devant son père, et salue affectueusement tous ceux qui lui font l'honneur d'acheter ses brimborions. J'ai cherché longtemps à savoir s'il était résigné personnellement à la domination française, mais je n'ai pu y parvenir. Mustapha est un peu cachottier, malgré son air simple. Les uns croient son existence fade. Pour moi, je soupçonne qu'elle est pleine de secrètes satisfactions. Ne penser à rien, ne jamais s'affecter, manger, dormir, prendre le commerce comme il vient, c'est peut-être en cela que consiste la sagesse suprême. A ce compte, Mustapha serait un sage. Je n'en dirai pas autant de Sidi-Ahmed-Boukandoura.

Il est conseiller assesseur à la Cour d'Alger et peut avoir quarante ans. C'est un des Maures les plus instruits et les plus distingués de la ville. Malheureusement pour lui, il a voué son existence à la réussite d'une chimère : la fusion des races indigène et française, grande idée qui ne manque pas de noblesse, mais que je crois irréalisable de tous points. Sidi-Ahmed est un honnête homme, un homme bon, humain, poli, trop poli peut-être, et sa vie privée est irréprochable. Pour gagner les 3,000 francs par an qu'on lui donne, il passe ses jours et souvent une partie de ses nuits au travail, mais il est incessamment débordé dans ses desseins par la malice des uns et la mauvaise foi des autres. Les Français voient en lui *un homme d'une race inférieure*, — je souligne ces mots à dessein, — trop empressé à leur complaire; les Maures l'accusent tout bas de chercher à se donner de l'importance en flattant les oppresseurs de l'Algérie. Ces deux appréciations sont très-injustes et prouvent une fois de plus que de toutes les choses difficiles du monde la plus difficile est encore de faire le bien. Sidi-Ahmed n'a point à Alger le crédit qu'il devrait avoir. On le respecte parce qu'il vit honnêtement, mais on ne l'écoute pas.

Si vous le rencontrez dans la rue, vous le reconnaîtrez à sa belle mine. Il n'a point l'air d'un guerrier, et ne traîne point la jambe comme les cavaliers habitués à la fatigue des *chabir*; mais il marche gravement comme un juge, enveloppé dans son burnous de laine fine, et balançant son éventail de paille dans sa main. Le turban sied à son visage aux traits corrects ; il porte des bas blancs, de belles vestes, des pantalons d'une ampleur démesurée :

en somme, il a l'air d'un citadin à son aise, et fait bonne figure en ville, malgré la modicité de son traitement.

Je vous parlerai maintenant du seigneur Aïssa, qui fut pendant six mois mon domestique. J'ai quelque peu voyagé déjà, mais jamais, sous aucune latitude je n'ai rencontré de drôle plus impertinent. Je lui donnais quarante-cinq francs par mois, en sus de la nouriture et du logement, et Aïssa trouvait que c'était peu pour son mérite. Aussi se dédommageait-il en ne faisant rien du tout. Chaque matin, il est vrai, il consentait à se rendre au marché; mais il s'y rendait à cheval, sous prétexte que la chaleur était grande, les jambes nues, sans étriers, coiffé d'un chapeau de paille, un *couffin* enfilé au bras. Il se tenait sur sa bête, sérieux comme un parfait imbécile, avec sa grande figure maigre et son air béat. Deux heures après, il revenait et s'empressait de se jeter sur son lit pour faire la sieste. La sieste finissait à six heures. Alors il consentait à me servir à table, gardant sa cigarette à la bouche, essuyant les assiettes avec son mouchoir, et m'adressant toutes sortes d'observations déplacées sur la manière dont je vivais. Un jour où j'avais invité à dîner quelques amis, l'un d'eux, pour rire un peu, s'avisa d'amener une Mauresque. Aïssa, aussitôt, de se précipiter dans son lit, porte fermée, pour ne pas assister à ce qu'il appelait une profanation. Moi qui croyais à sa vertu, je l'excusais intérieurement ; mais, un mois après, ma négresse, une brave fille ! vint me dire que la place n'était plus tenable, et qu'elle voulait me quitter. Je l'interrogeai. Elle m'apprit que mons Aïssa avait sournoisement dévissé la serrure de sa chambre, et que... Je n'en demandai pas davantage et mis tranquillement à la porte le vertueux Aïssa.

Ces types, si différents les uns des autres, m'amènent naturellement à vous parler de la race maure. On a beaucoup écrit sur elle, mais nul ne saurait dire quel coin du monde fut son berceau. Grands autrefois en civilisation, en puissance, les Maures ne sont plus aujourd'hui, à Alger du moins, qu'un tout petit peuple d'artisans, de scribes et de marchands. Les plus jeunes se font barbiers, brodeurs, cafetiers, marchands de fleurs, domestiques, maréchaux ferrants, cordonniers, éventaillistes; les plus vieux se font marchands de tabac, boulangers, fabricants de boutons, musiciens ou vendeurs d'épices. Rien de moins viril que ces porteurs de turbans. Auprès des Arabes surtout, dont le caractère mâle s'affirme par les dehors, ils semblent abâtardis, et ils le sont, en effet, et de la manière la plus absolue, n'ayant plus dans le sang l'élément nécessaire à une rénovation. Si ce n'étaient leur calme, leur propreté, leur indolence, je les comparerais volontiers aux Juifs indigènes. Ils habitent les mêmes maisons; ils ont, à peu de chose près, les mêmes habitudes; mais les Juifs leur sont supérieurs par une intelligence et une subtilité sans pareilles, et, croyez-le, des trois races que nous avons trouvées établies, il y a trente ans, sur le sol de l'Afrique, la race juive est la seule qui saura se fondre avec la nôtre, et survivra. Les Maures sont trop fatalistes pour réagir sur eux-mêmes. Ils se contentent de peu, et ne s'ingénient pas à amasser. Amollis par le climat, ils préfèrent les travaux de couture, ces travaux qui s'exécutent avec les doigts, à ceux qui demanderaient un certain déploiement de forces, et, tout le jour, on voit les plus industrieux assis, jambes croisées, dans l'ombre de leurs échoppes, broder délicatement des sachets, des sandales et des vêtements. Les Juifs, au contraire, agiles, alertes, toujours sur le qui-vive, comme des chiens en quête, se montrent dès qu'une bonne affaire apparaît à l'horizon. Aussi font-ils une rude concurrence aux Maures, même dans l'humble métier qu'ils ont choisi. Déjà les Maures ne sont plus que des ouvriers aux gages des Juifs. Après avoir débuté par le sabre sur la scène du monde, ils finiront par l'aiguille, ce petit outil qui n'enrichit pas.

Au moment de la conquête française, les Maures formaient la majeure partie de la population algérienne ; mais, aujourd'hui, ils ne sont guère plus nombreux que les Juifs. Que sont-ils devenus ? Ils s'effacent ; ils disparaissent. Les uns sont allés au Maroc, à Tunis, à Tripoli, à Constantinople, à Smyrne, au Caire, chercher une domination moins blessante que la nôtre pour leurs habitudes et leur religion. Les autres sont morts de privations, de misère. Ceux qui restent, après avoir engagé leurs effets les plus précieux au mont-de-piété, se décident parfois à chercher une industrie qui leur donne le moins de mal possible. Parfois aussi, ils demandent au *kief* un moyen doux et lent d'en finir avec la vie. Il y a chez la plupart d'entre eux une démoralisation profonde. On les voit souvent se marier pour tirer profit de leurs femmes, et répudier leurs femmes, si elles ne parviennent pas à les faire vivre en se prostituant. Il y en a qui ont contracté jusqu'à quatre et cinq unions successives pour se créer des ressources. Mais la race maure ne répond pas tout entière du fait de malheureux abrutis par le besoin.

Cette race a les qualités de ses défauts, et même un peu de cette galanterie tombée chez nous en désuétude et que les Arabes n'ont jamais connue. L'Arabe, pour voyager, enfourche son cheval et fait marcher sa femme au gros soleil, pieds nus, chargée de ses enfants et de l'outre pleine d'eau. Le Maure, au contraire, asseoit sa femme sur un mulet dont le bât est rembourré de tapis, et lui marche derrière, la houssine à la main, veillant aux accidents et causant affectueusement avec elle. Rien de plus grave que l'attitude et les manières de ces marchands, rien de plus élégant que leur tournure. La politesse est innée chez eux; non pas servile comme celle des Juifs, mais une politesse fière qui provient en même temps de la réserve et du désir de plaire à l'étranger. Le respect des vieillards, la soumission absolue à l'autorité paternelle, la résignation, sont des vertus qu'ils se transmettent d'âge en âge. Ils ont perdu la sobriété, il est vrai, mais ils ont conservé l'amour des traditions, et c'est bien quelque chose, à une époque où toutes les traditions s'en vont pour faire place à je ne sais quel mercantilisme hypocrite. Si même ils ne s'acharnent pas au travail avec l'ardeur fiévreuse et ridicule des Occidentaux, c'est qu'ils savent que la méditation doit tenir dans la vie de l'homme une place égale au moins à celle du travail, et que l'occupation des bras ne se fait jamais qu'au détriment de la sérénité de l'âme. Enfin, ils sont absolument religieux, dans le sens le plus élevé du mot, ne cherchant pas à faire des prosélytes, n'imposant leur morale à personne et se conténtant de s'humilier devant Dieu, qui, cependant, les châtie rudement depuis trois siècles.

Chez eux, l'expiation lave absolument la faute. Le voleur sort-il du bagne, toute sa famille se met en marche pour aller au-devant de lui; elle le ramène dans sa maison, et ses amis se rassemblent pour le recevoir avec des chants et des danses. On dit de lui : *il a expié*; il est donc quitte de sa faute, et jamais personne n'y fait allusion. Ainsi le coupable, innocenté par le châtiment, peut rentrer dans la société avec la chance d'y trouver des ressources; cette société est humaine pour lui.

Le suicide n'existe pas chez les Maures, j'entends le suicide à notre manière. L'homme écrasé par une accumulation de maux ne se jette pas, comme nous, sur un pistolet, pour en finir avec une existence insupportable. Il sait que l'oubli de ses douleurs réside dans une substance vénéneuse, dont le poison lent le conduira à la mort par une succession d'enchantements. Il ne se tue pas, il avance le terme fatal. Il dérobe à Dieu deux ou trois années de bonheur, et donne sa vie en échange. Ce ne sont jamais les gens heureux qui fument le haschich, remarquez-le bien.

J'ai voulu voir l'un de ces hommes condamnés par eux-mêmes, et cela ne m'a pas été difficile dans une ville où il ne manque pas d'infortunés. Mohammed était un habile barbier d'Alger; pour son malheur, il épousa une femme qui s'enfuit avec un colon et mourut de la fièvre à Aumale. Il ne chercha même pas à savoir où était allée sa femme. Il l'aimait; elle avait quitté sa maison avec un amant, cela lui suffisait. Pendant quelques jours on le vit errer comme un fantôme, enveloppé de son burnous, dans les rues de la haute ville. Il négligea ses pratiques. Sa boutique, comme pour un deuil, demeura fermée. Enfin, un matin il alla s'asseoir dans un café maure, tout près de la place de la Cathédrale, et on le vit tirer de sa veste une petite pipe en terre rouge. Tout le monde se regarda dans le café, car on vit bien à quel usage cette pipe devait servir, et même le kaouadji adressa à Mohammed quelques observations amicales; mais il ne les écouta pas. Il bourra sa pipe tranquillement, avec une substance grisâtre qui n'était autre que de la poussière de feuille de chanvre, puis il se mit à fumer. Il y a deux ans de cela. Maintenant, il passe toutes ses journées assis, jambes croisées, à la même place, dans le même café. Chaque consommateur qui entre lui offre une tasse de moka; il la prend dans la main sans rien dire, et la boit à petits coups. Le soir, il monte au marabout de Si-Mohammed-el-Chérif, et se couche tout habillé en travers du seuil, mais il ne dort pas : il y a deux ans qu'il n'a dormi. Il vit d'aumônes. Tous les cinq ou six jours, quand il a faim, il tend la main dans la rue au premier Arabe qui passe; l'Arabe lui donne deux sous; Mohammed achète un pain et mange. Son costume se renouvelle, grâce aux lambeaux de défroque que les Maures lui offrent sans qu'il les demande. Il est très-salement vêtu ; il ne fait plus ses ablutions ; il ne va plus à la mosquée. Il a tout oublié. Maigre, basané, le regard extatique, les mains tremblantes, la tête levée, il voit réellement le monde que les hommes ne connaissent pas. Sa barbe tombe ; il a l'air d'un bienheureux ; le paradis resplendit sur sa figure. Ses compatriotes le regardent avec curiosité, avec compassion, quelques-uns avec envie. Ils le traitent comme un aliéné, avec douceur. Ils savent que son âme ne lui appartient plus, qu'il n'a plus conscience de ses actions, qu'il est condamné à mourir.

Un jour, exaspéré par cette sérénité qui brille sur son visage, un marchand français de la ville lui cria tout à coup : *Mohammed, ta femme est morte !* Mohammed abaissa les yeux sur le méchant ; puis, les relevant, il se mit à sourire délicieusement, comme si rien des choses du monde, maintenant, ne pouvait l'atteindre. Le Français ne comprit pas. Il quitta le café en disant: On devrait étouffer une pareille brute !

Je reviens aux Mauresques. Les Mauresques sont intéressantes, parce qu'elles nous offrent des types à étudier, — les seuls que nous puissions étudier de la race musulmane, — types altérés, il est vrai, par le contact trop immédiat des mœurs françaises, mais d'autant plus curieux que les événements politiques tendent de jour en jour à les faire disparaître.

Jusqu'à présent, je me suis renfermé dans la généralité en vous entretenant de leurs usages et de leurs mœurs. J'essayerai maintenant de préciser certains côtés de leur physionomie, sans vous exposer toutefois à entendre des redites. Choisissons l'une des plus heureuses ; il y en a quelques-unes qui sont très-adulées à Alger. Elle conserve, pour sortir, son costume de chambre, que vous connaissez, mais elle le complète de façon à déguiser toute sa personne sous des voiles flottants. Un mouchoir de batiste brodée, plié en double, est appliqué sur son visage, juste au-dessous de ses yeux, et les deux bouts en sont attachés au sommet de sa tête. Ses jambes disparaissent entièrement dans les *pantalons de rue*, blancs et larges, dont la coulisse est étroitement serrée autour de ses chevilles. Des bas de coton blanc cachent ses pieds. Elle chausse des souliers de cuir noir, très-découverts, aux pointes arrondies. Enfin, elle se couvre la poitrine d'un grand *haïk* tout blanc, qui, rejeté sur son dos, descend en pointe entre ses jarrets, et se rabat en avant de manière à ne laisser voir de son visage que ses grands yeux, semblables à des diamants noirs et brillants qui palpitent doucement dans leur enveloppe de cils.

Ainsi drapée de blanc, — ainsi empaquetée, devrais-je dire, — la Mauresque, tendant les deux côtés de son *haïk* sur son front, marche dans les rues, les mains cachées, en baissant le menton pour préserver ses yeux de l'ardeur du soleil. Sa tournure est sans grâce, comme sa démarche. Cependant, quand, pour causer librement avec une amie, elle s'accote au pilier d'une maison, et, rejetant un de ses pieds en travers de l'autre, écarte un peu son *haïk* pour dégager sa poitrine, il y a dans son geste et sa pose un je ne sais quoi de sculptural.

Rentrée chez elle, elle se débarrasse immédiatement de ses habits de rue, enlève son masque, essuie son visage couvert de sueur, se rajuste, et s'amuse à des riens, en fumant, jusqu'à l'heure de son repas.

Supposons que sa famille est nombreuse, ou que, le jour où nous nous occupons d'elle, elle a convié à dîner quelques-unes de ses amies. La table carrée, qui n'a pas dix pouces de haut et mesure tout au plus un pied sur chaque face, est posée au centre d'une salle basse s'ouvrant au niveau de la cour. Un grand plateau de métal couvre cette table, chargé de plats, de morceaux de pain, de cuillers de bois, et une lampe en étain s'élève au milieu avec une mèche qui fume. Chaque convive, assis à terre sur un coussin de cuir, jambes croisées, se penche en avant, armé de sa cuiller, et puise la soupe à son tour dans la gamelle de faïence. Comme on ne se sert pas de nappe ni de serviettes, il faut être assez adroit pour ne pas tacher ses vêtements en mangeant, et surtout il ne faut pas craindre de se brûler le palais, car il n'est pas de bon goût de souffler sur les aliments. La soupe est, d'ordinaire, un mélange de bouillon, de riz et de persil, abondamment saupoudré de poivre de Cayenne, et, quand on n'y est pas habitué, on ne sait pas toujours, en la goûtant, si l'ardeur intolérable qu'elle vous met dans la bouche provient du poivre ou de sa chaleur naturelle. Quand la servante a débarrassé la table de la gamelle vide, on s'amuse à sucer quelques piments verts confits dans une huile brune qui sent un peu le quinquet, et des olives gâtées dont le goût se rapproche légèrement du cambouis; puis, d'habitude, on vous sert un plat qui rappelle de loin la *ratatouille* des colléges, composé de morceaux de mouton, d'oignons, de cervelles, de pommes de terre, avec l'accompagnement de poivre obligé. C'est alors qu'il faut déployer, pour manger proprement, tous ses talents naturels. Les convives, n'ayant pas d'assiettes, prennent au plat, avec les doigts, le débris de viande qui leur convient, le posent sur un morceau de pain, et, toujours sans se tacher, s'ils le peuvent, mordent à même viande et pain, en causant d'un air dégagé avec leurs voisins et voisines. Quand on a soif, on allonge le bras pour enlever de terre une *kolila* (petite cruche) pleine d'eau, et on la porte à ses lèvres; mais il est encore de bon goût de ne satisfaire sa soif qu'à la fin du repas, malgré le poivre de Cayenne, qui vous donne incessamment l'envie de vous substituer au tonneau des Danaïdes. Le poulet cuit dans l'huile suit habituellement la ratatouille, et c'est plaisir alors de voir la Mauresque, les deux bras allongés, écarteler à belles mains la volaille qu'elle tient en l'air, sans lancer une seule goutte de sauce autour d'elle. Quelquefois, dans la saison, on mange, à la fin du repas, une pastèque ou des raisins d'Andalousie à gros grains ; puis on procède aux ablutions à grande eau, et l'on prend une tasse de café en fumant une cigarette.

Je n'oserais affirmer qu'il est commode de manger dans la position d'un tailleur accroupi sur son établi, ni parfaitement ragoûtant de saisir avec les doigts des morceaux de viande imbibés de sauce ; mais on se fait bien vite à ces usages primitifs, surtout quand on a près de soi trois ou quatre belles femmes, en grande toilette, qui vous donnent l'exemple. Il faut être bien plus habile et bien plus soigneux pour suivre cette mode que la mode européenne, car nos serviettes, nos fourchettes, nos verres, nos couteaux, tous nos ustensiles de table enfin, nous sont d'un précieux secours. Les Maures s'en passent très-bien cependant, ainsi que les Arabes, et moi-même, après une demi-douzaine de leçons, je finis par ne plus les regretter.

Quelquefois, au beau milieu du repas, les Mauresques riant et bavardant comme des folles, la porte de la rue s'ouvre tout à coup en gémissant sous l'effort de ses contre-poids, et une grande ombre toute blanche s'avance au milieu de la cour. Cette ombre appartient au corps d'un mendiant qui a senti, en passant dans la rue, l'agréable odeur de la cuisine. Il se tient debout dans son burnous et dit : *Au nom de Dieu et de Sidi Abd-el-Kader, faites-moi l'aumône.* Ce n'est pas le nom du célèbre émir qu'il invoque, mais celui d'un marabout très-vénéré à Alger. En entendant ces paroles, la maîtresse de la maison se lève de sa place, choisit au plat le plus gros morceau de viande, le pose sur un quartier de pain et porte le tout au mendiant. Jamais je n'ai vu personne implorer en vain la charité des musulmans. Ils font l'aumône avec simplicité, et si quelque malappris s'avise d'applaudir à leur générosité, ils le regardent, sans parler, avec une surprise douloureuse.

Ils pourraient nous donner des leçons de savoir-vivre. Le plus pauvre d'entre eux, le kaouadji, le brodeur, le barbier, se lève de sa place devant un étranger, ou, s'il le rencontre dans la rue, il se range contre le mur pour lui livrer le passage en posant la main sur son cœur, et si cet étranger est un vieillard, il le baise à l'épaule ou au turban. Il arrive parfois que de vieilles Mauresques se placent comme servantes chez de jeunes femmes; elles sont extrêmement honorées dans leur maison. Les appeler par leur nom, tout court, serait une haute inconvenance. On fait précéder ce nom d'une appellation affectueuse, telle que *ma mère* ou *ma tante*. Ainsi l'âge inspire partout le respect chez les musulmans.

Je ne vous ai point encore parlé des fêtes privées des Mauresques. Ces fêtes ou ces bals, qu'on nomme *n'bitta*, ont un caractère particulier. La *n'bitta* commence vers neuf heures du soir. La maison où elle se donne est décorée, du haut en bas, de guirlandes de feuillage; une espèce de lierre à feuilles très-larges grimpe tout autour des portes, des fenêtres et des colonnes. De longs chapelets de jasmin se balancent au-dessus de la cour, suspendus au balcon, pêle-mêle avec des lanternes couvertes de papier rouge, des girandoles, des bougies roses et vertes, et des lustres de fer à cinq branches. La cour est tout entière garnie de tapis de Smyrne, des divans sont alignés contre les murs avec leurs coussins, et, au milieu, sur un grand plateau, sont réunies des bouteilles de vin de Champagne, de rhum et d'absinthe.

Les femmes, toutes en grande toilette, accroupies ou allongées sur les divans, fument et causent entre elles, en buvant la boisson défendue. Leurs vestes et leurs foulards aux couleurs vives s'enlèvent vigoureusement sur les murs blancs, les diamants empilés sur leurs fronts étincellent; elles ont les sourcils et les yeux peints, et une odeur très-forte de musc, d'ambre et d'essence de jasmin se dégage de leurs vêtements brodés d'or qui miroitent sous les flèches de lumière.

Les trois pièces qui s'ouvrent sur la cour de la maison sont disposées pour recevoir les étrangers. Au fond de l'une d'elles, l'orchestre est installé. Il se compose d'une musette et de deux gros tambours dont la caisse est couverte de drap rouge. La musette chante dans les tons suraigus, et les tambours battent dans les tons graves. Cela produit un charivari très-agaçant, mais très-excitant, paraît-il, pour les Mauresques, car elles se mettent toutes à rire aux éclats en entendant les premières notes de cette atroce musique, plus atroce mille fois que celle de nos champs de foire.

En levant les yeux, on aperçoit, dans l'encadrement formé par les parapets intérieurs de la terrasse, le ciel bleu piqueté d'étoiles, et, tout le long de la galerie du premier étage, des têtes de femmes masquées qui se penchent pour voir ce qui se passe dans la cour transformée en salle de bal.

La maîtresse de la maison est assise auprès de la porte. Elle se lève pour recevoir les étrangers, les salue, leur serre la main d'un air amical et les fait entrer dans les chambres qui leur sont affectées. Quand tous les invités sont réunis et que les danseuses se trouvent suffisamment excitées par les verres de liqueur et de vin de Champagne qu'on leur verse à profusion, on ferme la porte de la rue, et la fête commence.

Une danseuse se lève paresseusement et s'étire les membres. Elle noue une large pièce de soie, nommée *fouta*, sur ses reins, de façon à cacher ses jambes, et, agitant un foulard dans chacune de ses mains, elle remue tout son corps devant un miroir, sans bouger de place, s'aidant seulement de légers frottements des pieds. Pendant qu'elle piétine ainsi, avec les ondulations d'un serpent dressé sur sa queue, sa tête se renverse en arrière, et l'on entend sonner les larges anneaux en or creux qui roulent autour de ses chevilles. Cela dure plus ou moins longtemps, une demi-heure quelquefois, avec le ronflement des gros tambours et la note persistante de la musette; puis la danseuse, tendant un de ses foulards au-dessous de ses yeux, s'affaisse lentement sur elle-même, pendant que la musique s'assourdit. Tout à coup elle se redresse, piétine encore avec vigueur, et les tambours alors se mettent à tonner effroyablement. Enfin, épuisée, elle laisse tomber son foulard, et pendant que toutes les Mauresques poussent, pour applaudir, leurs *you-you* traditionnels, elle se jette sur le divan, essoufflée comme un cheval qui vient de fournir une longue course.

Cette danse assez peu décente — elle ne l'est guère plus que celle adoptée depuis trente ans dans nos bals publics — n'est peut-être pas absolument dépourvue de caractère, mais elle manque de charme. Quelque belle que soit la danseuse, on ne peut nier que ses mouvements ne tiennent un peu de ceux du singe; la grâce n'y est pas, la grâce féminine surtout! Néanmoins, c'est une chose curieuse à voir, en se bouchant les oreilles toutefois, pour les préserver de l'infernale musique.

La fête continue ainsi toute la nuit, les danseuses se succédant presque sans interruption, grâce aux libations que ne ménagent pas les servantes. On ne peut se faire une idée de la quantité de liqueurs qu'avale une Mauresque sans se griser. Les verres de rhum et d'absinthe disparaissent dans son gosier avec une facilité extraordinaire, au grand ébahissement des Européens, qui n'ont pas la tête forte. Il arrive cependant un moment où elle se sent vaincue; alors elle se pelotonne dans un coin, et il lui faut trente ou quarante heures pour secouer le sommeil de plomb qui l'accable.

On donnait autrefois à Alger des *n'bitta* publiques, mais l'autorité fut obligée de les interdire. Les Maures et les Arabes venaient en foule à ces fêtes, s'y grisaient et rivalisaient d'ostentation pour se faire bien venir des danseuses. Il est d'usage de coller de petites pièces d'or sur leur front pendant qu'elles exécutent leurs piétinements, et celles qui sont bien dressées, tenant leur tête en arrière, doivent continuer à danser avec vingt ou trente pièces de monnaie appliquées entre les cheveux et les sourcils, jusqu'au moment de la détonation finale de l'orchestre. Alors, rejetant les épaules en avant et secouant la tête, elles font tomber les pièces d'or sur le tapis. Les Arabes qui assistaient aux *n'bitta* publiques commençaient par tirer de leurs escarcelles des pièces de cinq, puis de dix, puis de vingt francs, et quand la danseuse était belle, qu'elle dansait bien et que plusieurs chefs se passionnaient en même temps pour ses beaux yeux, ils jetaient de l'or par poignées sous ses pieds nus. L'un donnait cinq cents francs d'un coup, un autre en donnait mille, un troisième nouait au cou de la danseuse un collier de pierres fines, un quatrième agrafait à son front un diadème de diamants. Il faut avoir vu les chefs arabes poussés par une question de *nif* —

d'amour-propre — pour comprendre l'espèce de folie qui les tient, quand, sous les yeux du public, une rivalité quelconque s'élève entre eux. Des caïds et des aghas se ruinèrent ainsi à Alger, en une nuit, pour des femmes que leurs palefreniers n'eussent pas regardées la veille. On en parla. Aussitôt quelques juifs eurent l'idée de se faire entrepreneurs de *n'bitta*, et de profiter des largesses que les Arabes prodiguaient si follement. Ces gens madrés faisaient les frais de la fête et donnaient un louis à chaque danseuse, à condition que tout l'argent qu'on leur offrirait appartiendrait à eux seuls. Cela n'était pas mal imaginé. Mais il arriva qu'après une fête, une danseuse regagnant sa maison dans la haute ville fut suivie par deux Arabes qui l'avaient également comblée de preuves de générosité. Ils commencèrent à s'injurier, la danseuse eut peur et se sauva. Les couteaux furent tirés, et le lendemain on trouva l'un des deux galants éventré au fond d'une ruelle. Cet accident mit fin à l'entreprise des *n'bitta* publiques, au grand chagrin des industriels qui en profitaient.

Les divertissements varient quelquefois dans les fêtes indigènes. L'un des plus appréciés est celui de la ventriloquie. J'ai vu un soir une Kabyle amuser son public pendant trois heures, en parlant d'une voix caverneuse qui semblait tour à tour descendre de la terrasse, monter de la rue, courir autour de la chambre avec les intonations les plus opposées, mêlées de miaulements de chat, d'aboiements de chien, de cris de coq; et la femme qui possédait ce beau talent, assise au milieu de la cour, la tête couverte d'un voile, ne remuait pas plus qu'une bûche. J'en étais émerveillé. Souvent aussi, des bohémiennes disent *la bonne aventure* aux assistants; mais les Mauresques — bien que crédules — n'ont pas une grande confiance dans les prédictions qui ne sont pas faites par leurs marabouts. Elles se méfient, d'ailleurs, de toutes les personnes qui ne suivent pas la religion musulmane, et, dans la crainte du *mauvais œil*, elles tiennent les Tziganes à distance, ou, quand elles se croient obligées de leur parler, elles ne manquent jamais d'étendre leur main ouverte devant elles, pour conjurer l'influence maligne. Ce qu'elles aiment par-dessus tout, ce sont les scènes grotesques. Rien de ce qui les fait rire ne peut parvenir à les offenser. Aussi regrettent-elles bien fort les représentations de *Garagouz*, interdites depuis quinze ans à Alger.

Pendant les premières années qui suivirent la conquête, l'administration française, par politique, — et c'était une bonne politique, — respectait autant que possible les habitudes des indigènes. Elle avait, d'ailleurs, mieux à faire que de réformer ceux de leurs usages qui pouvaient choquer trop ouvertement les idées reçues des Européens. On donnait donc à Alger des représentations de *Garagouz* sur les places publiques, dans les bazars, dans les cafés. Le *Garagouz* des Algériens n'est autre que le *Karagheuz* des Turcs, et, je dois l'avouer, il est très-impudique et très-frondeur. Ce polichinelle invente et exécute en public des choses dont les hommes eux-mêmes ne parlent entre eux qu'à mots couverts; mais les Mauresques, même *honnêtes*, ne s'en effarouchent pas. Cependant, on s'aperçut que *Garagouz* ne se contentait pas toujours de débiter des obscénités, mais qu'il y ajoutait toutes sortes de lazzi injurieux pour les Français, et poussait tant qu'il pouvait les indigènes à la révolte. On fut obligé de le mettre en prison. Depuis, il n'a pas reparu, si ce n'est de loin en loin, dans quelques maisons privées de la haute ville. Je l'ai entrevu une fois, et il ne m'a pas fait rire. Il est vrai que je ne comprenais pas le quart de ce qu'il disait.

Puisque j'ai commencé à vous entretenir des fêtes indigènes, je vous dirai quelques mots des *derdebah*. Il arrive souvent, trop souvent! qu'un indigène honorablement connu a besoin d'argent. Voici comment il s'en procure : Il annonce lui-même à tous ses amis que tel jour, à telle heure, en tel endroit, il aura le plaisir de les recevoir. Il loue ensuite une grande maison, la fait éclairer, munir de nattes et de tapis, et il installe dans la cuisine le *kaouadji* le plus voisin avec ses domestiques et ses ustensiles, puis, à l'heure dite, se tenant à la porte avec deux *chaouchs* de la préfecture chargés de maintenir l'ordre, il attend philosophiquement ses invités.

Je vous dirai plus tard comment le *bénéficiaire* fait sa recette. Pour le moment, je veux me contenter de vous donner une idée exacte

de la *société* qu'il reçoit. Prenons un exemple.
Le premier derdebah auquel je fus convié était
donné par le chaouch des M'zabites, et tous
les M'zabites d'Alger, nécessairement, se firent
un point d'honneur d'y assister. Il y avait là des
bouchers, des égorgeurs, des tripiers, une foule
de gens comme il faut qui passent leur vie à humer l'odeur du sang, et qui, ce soir-là, avaient
lavé leurs mains rougies pour endosser le burnous et l'épaisse *gandoura*, à rayures bleues ;
des gens bronzés par le soleil d'Ouargla, des
gens bien famés, du reste, car ils sont tous ardents à la besogne et ne feraient pas tort d'un
centime à un Juif. En entrant dans la maison,
je les vis tous, au nombre de plus de soixante,
assis à terre sur des nattes, dans la cour à
demi éclairée, et ils étaient assis de telle façon
que de toute leur personne je ne pouvais apercevoir que leur dos. Cela faisait un singulier
effet au premier abord ; si ce n'eussent été les

têtes coiffées de *chechias*, on les eût pris tous ensemble, et serrés les uns contre les autres comme ils étaient, pour un amas de chiffons. L'orchestre, cependant, installé au fond de la cour, se composait de cinq musiciens qui chantaient et jouaient sur leurs instruments des airs bizarres. Une table basse avait été placée devant eux, avec un grand cierge planté au milieu, et cinq chandelles dont les flammes s'inclinaient autour de lui au moindre souffle de la brise. Des quinquets étaient accrochés aux colonnes, et, dans un coin, les caïds, habillés de manteaux rouges, fumaient nonchalamment allongés sur des tapis. Des enfants aux jambes nues circulaient entre les groupes, portant des tasses de café, des *kolila* pleines d'eau, des charbons enflammés qu'ils présentaient aux fumeurs. Il faisait frais, presque froid, et des gouttes de pluie tombaient sur les têtes. En haut, sur la galerie, les Mauresques, démasquées, regardaient, et par moments on entendait leurs éclats de rire. Je regrette de le dire, mais la vérité m'y oblige, qu'une odeur particulière et désagréable, bien connue en Afrique, se dégageait de cet amas d'hommes empaquetés dans de sales burnous. L'odeur des Arabes ne se peut comparer à rien de connu. C'est une odeur fade.

Chaque fois qu'un nouvel invité pénétrait dans la cour, je voyais se répéter devant moi le même geste. L'Arabe avançait rapidement jusqu'au bord de la natte. Là, il s'arrêtait, levait une jambe, puis l'autre, enlevait prestement ses *sabbat* de ses pieds, et, les tenant à la main, il se dirigeait vers le groupe le plus proche et s'accroupissait à côté du dernier venu. Tout cela sans bruit, sans parler, et de quart d'heure en quart d'heure se comblaient les files. Quand toute la cour fut occupée, sauf un tout petit coin réservé, les nouveaux venus s'entassèrent à la porte, et la musique suspendit ses hululements.

J'attendais les danseuses. Elles ne vinrent pas. Il y avait là un trop grand nombre d'indigènes, et la police redoutait les coups de couteau des amoureux. Cependant le *bénéficiaire* réservait à ses invités une sorte d'équivalent. Un *turco* sortit tout à coup d'une chambre basse, s'avança vers la place réservée avec un air de pudeur timide, et, nouant le *fouta* des Mauresques autour de ses reins, avec une ceinture dorée, il tira deux foulards de sa veste d'uniforme et commença à danser. Cela me parut une chose plus que grotesque, que ce jeune homme en habit de soldat, se contorsionnant d'une façon outrée pour singer la danse des femmes. Il était grand et bien fait, mais ses sourires me touchaient peu. Je me déridai, cependant, en voyant un vieux Maure aux yeux rouges et à barbe blanche se lever, prendre un chandelier sur la table et imiter les contorsions du turco, avec des grâces d'ours apprivoisé, peu solide sur ses vieilles jambes. Le public riait à se tordre, et il se faisait comme des oscillations sur les dos des Arabes accroupis. Enfin les assistants commencèrent à se lever, à tour de rôle, pour coller des pièces de cinq francs sur le front du turco. Et je compris alors comment le chaouch des M'zabites devait couvrir les frais de la fête et mettre de côté un bénéfice suffisant pour faire vivre sa famille pendant quelques mois. Les caïds firent mine de se passionner pour le danseur. L'un d'eux, même, lui jeta une poignée de pièces d'or qui s'éparpillèrent sous ses pieds. N'admirez-vous pas ce moyen ingénieux d'obliger ses amis? Et que de gens à Paris donneraient des fêtes aux mêmes conditions, s'il était admis, chez nous, qu'on peut être pauvre sans déshonneur, et recevoir un secours sans s'abaisser!

J'ai quitté les Maures, vous le voyez, pour vous parler des Arabes. Les Arabes, *les hommes de la tente,* ne séjournent point à Alger. Ceux des localités voisines, des environs de Cherchell, de Médéah, de Milianah, y viennent assez souvent pour leurs affaires ou pour s'y procurer quelques distractions; mais ils n'y restent jamais bien longtemps, car ils ne se plaisent point au tumulte des villes. Les plus pauvres d'entre eux y conservent toutes leurs habitudes, couchant en plein air, enfourchant leurs maigres chevaux dès qu'ils ont à faire cinquante pas, s'asseyant au beau milieu des rues et des places, libres et sans gêne partout, comme si partout où le soleil luit ils se sentaient chez eux. Pendant le jour, on les rencontre d'habitude entassés autour de la statue du duc d'Orléans. Là, à mesure que le soleil s'élève, ils se rapprochent du piédestal pour maintenir leur tête à l'ombre, et, lorsque le soleil décroît vers l'Atlas, ils commencent à s'allonger et à s'éparpiller pour faire la sieste à leur aise. La nuit, on les retrouve dans les ruelles.

Quant aux chefs, ils mènent à Alger une existence différente, moitié française, moitié arabe, laissant leurs chevaux à l'auberge, et logeant avec leurs serviteurs dans la haute ville. Pendant le jour, ils vont au bazar, causer et fumer avec les Maures, et le soir ils font bombance dans leur maison avec leurs amis et leurs maîtresses. L'un d'eux, bien connu à Alger, où il revient tous les ans à l'époque des courses, m'a toujours semblé réunir en lui les principaux caractères de sa race. Vous parler de lui sera donc vous donner de curieux renseignements sur elle.

Je ne désignerai mon modèle que par le prénom de Mahmoud. Il est caïd d'une tribu nombreuse et puissante, et descend d'une famille de marabouts très-estimée. Figurez-vous un beau gaillard de trente-cinq ans, grand, basané, un peu bouffi, avec de gros yeux, des lèvres épaisses, des dents blanches comme l'amande, et une barbe molle et noire qu'il caresse de la main assez volontiers. Son élégance a quelque chose d'indolent, et sa tournure, sans être efféminée, ne manque pas de nonchalance. Il porte un haïk de soie très-brillant, un bonnet de feutre très-large et très-haut, maintenu par une grosse corde en poil de chameau, un burnous de couleur vert tendre, des bas blancs et des bagues à chatons étincelants. Quoiqu'il soit, quoiqu'il ait été plutôt un guerrier renommé, il n'a pas l'air d'un guerrier, mais celui d'un riche et gras citadin repu de jouissances. Il parle notre langue avec pureté, car il a vécu à Paris, et il y a même bien vécu, choyé des dames et courtisé par une foule de gens qui l'aidaient à vider sa bourse. N'a-t-il pas, pendant quelque temps, porté le costume européen? Ce devait être, pour sûr, avec la grâce d'un écuyer du Cirque Olympique. Mahmoud adore les usages français, tout en haïssant les Français d'une haine cordiale. Il flatte ses supérieurs en face pour obtenir des honneurs et des croix, mais il les déchire et affecte hautement de les mépriser par derrière. Cependant, il est lié avec une foule de jeunes officiers bons vivants, et, quand il vient en ville, il leur donne de grands galas, sans oublier d'inviter leurs maîtresses. Il mange à la française et boit à la russe, c'est-à-dire qu'il boit sec, et la viande de porc, interdite aux vrais croyants, lui semble une nourriture convenable pour son estomac robuste. Enfin, par politique, il fait élever ses enfants au collége d'Alger, et, par orgueil, il s'étale fastueusement dans une calèche de Binder attelée de deux chevaux noirs qu'un jeune Maure au costume superbe conduit, les deux bras tendus devant lui, comme un *moujik*. Ce qu'il y a de plus curieux dans son histoire, c'est qu'étant marabout, ses débauches l'ont déconsidéré dans sa tribu. Aussi n'a-t-il plus grand pouvoir. Les Arabes lui reprochent, d'ailleurs, de s'être compromis avec nous. Quoique marié, il entretient ouvertement une Mauresque à Alger, et même, de temps à autre, il l'envoie chercher par un de ses serviteurs, pour l'installer dans son *bordje*, sans que ses quatre épouses légitimes y trouvent à redire. Mahmoud est un tyran dans sa maison. Avec un peu plus de tenue, il le serait encore dans sa tribu et pourrait nous causer des inquiétudes.

La première fois que je le vis, il venait d'arriver en ville pour assister à la réception de l'Empereur, et il ne manqua pas d'aller s'installer chez sa maîtresse, avec son secrétaire français, sa cuisinière et deux autres de ses serviteurs. On le reçut avec les cérémonies usitées, c'est-à-dire qu'on fit venir des chanteurs et des musiciens pour lui donner le concert. Mais, au bout de quelques jours, Mahmoud, se trouvant à l'étroit dans la petite maison, s'en alla demeurer à Tivoli. Tivoli est une grande bâtisse située au bord de la mer, derrière le champ de courses, et sert aux Algériens pour faire des parties fines. Mahmoud y resta près d'un mois, et l'existence qu'il y mena fut des plus irrégulières. Il avait constamment autour de lui quatre ou cinq Mauresques, des Espagnoles, des Françaises, un vrai harem enfin, dont il faisait les honneurs à ses amis indigènes, et toutes les nuits se passaient à boire. Souvent, le soir, en gravissant le coteau de Mustapha pour rentrer chez moi, et voyant l'auberge éclairée du haut en bas, je me demandais quels pouvaient être les épanchements de Mahmoud et de ses intimes. Mais qui serait assez hardi pour affirmer qu'un Arabe pense une chose plutôt qu'une autre?

Un dernier trait de Mahmoud. — Pendant son séjour à Paris, il fit la connaissance d'une soi-disant princesse étrangère qui s'amouracha... de sa fortune. Mahmoud, ne sachant quel moyen employer pour démolir le dernier rempart que lui opposait sa rouerie — ou sa vertu, — lui promit de l'épouser, non pas à la mode arabe, — la princesse redoutait fort cette mode-là, à cause du droit au divorce, — mais à la mode française, qui est solide et définitive. La princesse eut le tort de succomber un peu trop tôt. Mahmoud la quitta pour aller rétablir la paix dans sa tribu qui menaçait de se soulever; mais ce ne fut pas sans faire promettre à sa belle amie de venir le retrouver bien vite. La princesse s'embarqua à Marseille quinze jours après le départ de son amant. Elle arriva à Alger; il y était, mais il ne se dérangea même pas pour aller lui rendre visite. *Son humeur avait tourné*, disait-il. Le fait est qu'il avait revu sa Mauresque et s'était épris de nouveau d'un fol amour pour ses yeux peints. Cette aventure m'a toujours beaucoup diverti ; elle montre que pour mater une femme, il n'y a rien de tel qu'un Arabe. Il est vrai que Mahmoud n'est pas Arabe à demi.

Voulez-vous un autre portrait, mon cher maître ? Celui-ci a des airs galants comme un pastel de Latour. Bouchez-vous les narines si vous n'aimez pas les odeurs ; Kaddour, lieutenant de spahis, en est tout empuanti. Il compte à peine vingt-cinq ans ; il est grand et mince, presque maigre, et son visage est couturé par la petite vérole ; enfin, avec ses yeux bruns, sa moustache hérissée et son teint fauve, il a quelque peu l'air d'un singe aimable, j'entends d'un singe élégant, car Kaddour est très-élégant ! Tantôt il porte la veste rouge brodée d'or des spahis, avec le burnous flottant sur l'épaule ;

tantôt, et c'est le plus souvent, il se couvre par-dessus ses habits d'une sorte de chemise longue et blanche nommée *gandoura*, et cette *gandoura* tombe toute droite, comme une tunique, sur ses genoux, bordée qu'elle est d'un ruban de soie bleu au-dessous duquel se dessinent, dans des bas blancs bien tendus, deux jambes fines terminées par des escarpins vernis d'une petitesse suprême. Un grand haïk enveloppe le buste et la tête de cet efféminé, et sa ceinture entoure sa taille lâchement, sans la serrer, comme il convient aux débauchés qui débutent. Un jour je l'ai rencontré avec des gants blancs trop étroits, et sa main droite jouait avec une badine de Verdier, mignonne et flexible.

J'en suis fâché pour vous qui aimez la couleur locale, mais Kaddour n'est pas plus local que cela. Lui aussi, comme Mahmoud, recherche la société des officiers français. — Pauvre soldat cependant, me disait son colonel, il serait sur le flanc à la troisième étape, et jamais il n'oserait attaquer son ennemi face à face ; mais si l'on traversait ses projets, il faudrait se méfier d'un coup de *surin*. — J'ajouterai qu'il est très-ambitieux, mais il ne peut se priver d'aucun plaisir. Le plaisir sera sa perte. La bouteille le charme, une paire d'yeux noirs le rend fou. Quelques personnes timorées cependant le redoutent. Quant à moi, il m'est impossible de me figurer que le cœur d'un César batte sous le burnous lâche et flottant de ce voluptueux.

J'oubliais de vous dire qu'il fut élevé à Paris, je ne sais où, peut-être au collége. Aussi se permet-il de faire des citations latines quand il cause avec un Français. Il dit : *Mon âme*, chose grave pour un Arabe! Somme toute, il a l'air très-serviable et très-cordial, surtout quand il a bu quelques verres d'absinthe pure avant son dîner. Il est vaniteux comme un paon, et vantard. Il dit : Ma maîtresse me trompe, je le sais, mais ça m'est égal! (Notez que ça ne lui est pas égal.) Il lui envoie du blé cependant, et c'est là le fait le plus touchant de sa vie que je connaisse; — il lui envoie donc du blé, de l'huile, de la laine de ses moutons, et des moutons même tout vivants, et des fruits, sans compter qu'il dépense une bonne part de ses revenus avec elle. J'ai su qu'il la menaçait, non pas de la tuer, mais de se tuer lui-même, et qu'il brandissait son couteau quand elle excitait sa jalousie. Vous voyez qu'il est bien Français pour un Arabe; car un Arabe se tuer! cela ne s'est jamais vu. Aussi Kaddour ne se tue-t-il pas, et s'il joue des scènes de mélodrame devant sa maîtresse, c'est pour lui faire peur, parce qu'il aura ouï dire à Paris que cela fait bien, entre amoureux. Sa maîtresse, qui est une Mauresque à tête forte, ne s'est jamais émue de ses menaces, et pour mieux l'humilier, la perfide ! quand il commence à débiter ses tirades en roulant les yeux, elle lui présente en riant son coutelas.

Je regrette encore une fois, et infiniment, de vous enlever vos illusions, mon cher maître, mais il ne m'est vraiment pas possible de vous montrer sous d'autres couleurs les Arabes soi-disant civilisés qui fréquentent la ville d'Alger. J'en ai vu d'autres, de plus purs et de plus sérieux, *dans le Sud*, mais le moment n'est pas encore venu de vous les présenter. Aujourd'hui, je fais simplement passer sous vos yeux les types dégradés produits par le mélange du caractère indigène et d'une sorte de première éducation mal comprise. Pauvres gens ! ils auront beau faire, nous les regarderons longtemps encore comme des êtres issus d'une race inférieure, et nous ne les hausserons pas de sitôt à notre niveau. Nous les estimons peu, les voyant si docilement adopter nos vices. Nous les trouvons ridicules quand ils se forcent pour singer nos habitudes et nos manières. Ainsi les barbares vaincus, en se pavanant au forum romain, excitaient autrefois la risée de la jeunesse romaine. Les temps changent, les types restent. Et moi, je ne fais autre chose ici que traduire à ma façon un chapitre que vous pourrez retrouver sans peine en feuilletant les vieux historiens.

Il serait cependant injuste de confondre la généralité des Arabes avec quelques individus gâtés par les mauvais exemples de notre fréquentation. Les Arabes ont leurs défauts, ils sont menteurs et vaniteux; mais ils ont aussi leurs vertus : ils sont patients, intelligents et pleins de courage. En ce moment, l'administration fait de grands efforts pour les discipliner en les instruisant, et il y a tels enfants au collége d'Alger qui pourront nous rendre un jour des services. N'imitons pas les colons qui se plaignent de la lenteur de la colonisation. Ce n'est pas en trente ans qu'on modifie le caractère d'un peuple.

Encore un mot sur les Maures. Il ne me suffit pas de vous les avoir montrés au bazar et dans leurs demeures. Il faut, pour les bien connaître, les observer aussi à la mosquée. Le vendredi, jour férié des mulsumans, on les voit tous, vers midi, correctement vêtus, traverser la place du Gouvernement et pénétrer dans le temple de la rue de la Marine, par une porte basse. Suivons-les, mais arrêtons-nous au seuil du parvis, car ils n'aiment pas que les chrétiens foulent de leurs bottes les nattes fines où ils appuient leur front pour prier. La mosquée est vaste, et son plafond repose sur de grosses colonnes reliées entre elles, à dix pieds du sol, par des barres de bois sculpté. De petites lampes de verre et d'argent descendent çà et là dans les intervalles, et les nattes étendues sur le plancher reposent l'œil ébloui par les murs tout blancs. A l'entrée du temple est une large fon-

taine où les fidèles vont faire leurs ablutions.
Chacun d'eux, en entrant, se débarrasse de ses
sabbat et de son burnous, puis il se lave les
jambes, les pieds, les bras, la face et le cou,
et, comme ils sont toujours là réunis au nombre
d'une vingtaine, on entend le bruit de l'eau
battue par leurs mains. Leurs ablutions faites,
ils s'en vont s'accroupir coude à coude, et ils
sont parfois si nombreux qu'ils encombrent la
salle énorme. Cette agglomération de gens assis
à terre, jambes croisées, produit un singulier
effet. On ne voit que des bonnets rouges à glands
bleus entourés de turbans, et des vestes de
couleur au-dessous; puis de larges pantalons
blancs qui s'aplatissent sur les nattes, et de
temps à autre tous ces turbans s'abaissent et
se relèvent par un mouvement automatique et
régulier. Jamais je n'ai vu d'assemblée plus
sérieuse et plus silencieuse. C'est ici réellement qu'on entendrait une mouche voler.

Les femmes n'entrent point à la mosquée, et leur absence contribue à donner à l'assemblée un caractère de gravité extraordinaire. Cependant, j'en ai vu parfois deux ou trois s'accroupir à la porte, et les hommes les laissaient là, sans doute par condescendance pour leur misère, qu'ils connaissaient. Elles priaient avec ferveur, en poussant de grands soupirs, et semblaient fort choquées de me voir debout derrière elles. L'une d'elles, un jour, s'indigna même au point de me montrer la porte des yeux en me lançant ce mot énergique : *Roah!* qui signifie *va-t'en*. Un autre fût peut-être resté, mais je ne sais contrarier personne. C'est pourquoi j'obéis à l'injonction qui m'était faite, et, chaussant mes souliers, que j'avais enlevés par respect, je me retirai.

Voulez-vous profiter de notre visite à la mosquée pour aller au tribunal du cadi? C'est un brave homme, à l'air paisible et de grande taille, qui s'occupe, avant tout, d'apaiser les haines et de renvoyer dos à dos, comme de bons amis, ceux qui viennent le trouver pour qu'il juge leurs différends. Son tribunal est installé dans une petite chambre qui prend jour sur la cour de la mosquée, et, dans cette cour, dallée de marbre blanc, s'élèvent, auprès d'une fontaine, de grands bananiers dont les feuilles exhalent un bruit doux, à demi étouffé par le bruit plus sonore et plus profond de la mer prochaine. La chambre, blanchie à la chaux, n'est meublée que de divans et de petites tables à l'usage des *adouls*, scribes-assesseurs, et le divan où se tient le cadi, appuyé sur des piles de coussins, est installé en face de la porte.

Rien de moins imposant que ce tribunal. Les plaideurs entrent, s'asseyent par terre, sur la natte, et donnent leurs explications à voix basse aux *adouls*, qui les transmettent au cadi, en les abrégeant. Le cadi rêve, écoute et prononce. Quand un étranger vient le voir, il se lève, le fait asseoir et lui offre le café. On fume, on cause, et le *chaouch* vous met au courant du procès qui se juge, si l'on semble y prendre intérêt. Cependant les *adouls* dressent le procès-verbal ou l'historique de la cause. Le costume de ces magistrats est bizarre. Il consiste en une boule de cotonnade blanche posée toute droite sur la tête, avec une écharpe de mousseline passant par-dessus et retombant sur la ceinture; d'une pelisse de soie très-longue et de larges babouches jaunes. Ils ont l'air très-grave et très-digne. On les respecte à Alger.

Traversons la cour. Dans ce petit pavillon plein d'ombre, en forme de marabout, est le juge suprême de la justice musulmane, le muphti. Ici la religion et la justice ont un même représentant, car, dans les idées des vrais croyants, ces deux choses si grandes sont inséparables. Le muphti est un vieillard pâle, aux mains blêmes, à l'air excessivement réservé, qui n'entend pas un mot de français, et passe tout le temps qu'il ne donne pas aux affaires à s'éventer sur son tapis. Lui aussi reçoit les étrangers avec une grande politesse, et l'on ne peut se défendre d'une certaine émotion en rencontrant ses regards tristes. Sent-il que son peuple s'en va, et que, à Alger, du moins, tout sera bientôt dit pour la foi musulmane? Je n'ai rien vu de plus résigné et qui ait fait une plus grande impression sur moi que la longue figure de ce vieillard marmottant sa prière en égrenant son chapelet.

Je ne vous ai pas tout dit encore sur les mœurs indigènes. Si vous le voulez bien, nous y reviendrons à loisir, en prenant tous les ménagements nécessaires pour traiter à fond une telle question. Les mœurs de l'Orient, nonseulement ne ressemblent pas à celles de l'Occident, mais elles en sont la contre-partie. A

Alger, par exemple, il y a chez les Maures des principes de morale particuliers d'où découlent des faits étranges. Le système de compression du mariage a développé au plus haut degré la ruse et le mensonge chez la femme. Sa parfaite ignorance, son isolement, son oisiveté, ont aussi beaucoup contribué à sa corruption, et l'exemple des Françaises, qui abusent assez volontiers de leur liberté, a créé depuis trente ans, chez les Mauresques, une sorte de besoin d'affranchissement qu'elles n'éprouvaient certes pas avant la conquête.

En France, il y a une ligne de démarcation très-rigide entre les femmes honnêtes ou dites *honnêtes* et les courtisanes, et, si l'on voulait étudier nos mœurs à la loupe, on s'apercevrait bien vite qu'il existe aussi d'autres lignes de démarcation dans l'une et l'autre catégorie. Ainsi, certaines femmes *comme il faut*, qui ont un peu trop fait parler d'elles, ne sont plus reçues dans un certain monde. Ainsi ces femmes elles-mêmes, qui trouvent, dans leurs maris, de complaisants porte-respect, ne consentiraient pas à fréquenter même *les étoiles les plus brillantes du demi-monde*. Ainsi encore, ces dernières ne s'afficheraient pas volontiers en public avec les courtisanes avouées. Ainsi, enfin, il y a une sorte d'aristocratie chez les *filles de marbre*. Et, entre celles qui vivent au sommet de la prostitution et celles qui végètent en bas, on pourrait indiquer bien des nuances.

Il n'en est pas de même à Alger, du moins depuis la conquête française. La misère a si bien écrasé la race maure, qu'on a dû tolérer et pardonner souvent les moyens employés par elle pour la combattre. Si telle femme, placée dans de certaines conditions, est inexcusable de se mal conduire, telle autre est presque excusable, et telle autre l'est tout à fait. Qui de nous oserait jeter la pierre à l'épouse musulmane abandonnée avec ses enfants par son mari? Habituée à l'inoccupation, ou, tout au plus, aux soins du ménage; condamnée depuis sa naissance à vivre dans l'ombre de la maison de famille, ne pouvant sortir que masquée, ne devant jamais adresser la parole à un homme, à un chrétien surtout! lorsqu'elle n'a ni ressources personnelles, ni instruction, ni industrie, qu'elle ne sait ni lire ni coudre, qu'elle ne peut se placer comme servante chez les Européens ou chez les Juifs, et qu'enfin, de tous les moyens donnés à la femme pour gagner son pain quotidien, elle n'en a pas un seul à sa disposition, que faire? Faut-il qu'elle mendie? La police la pourchasse. Ses entrailles crient, cependant. De là un abandon de toute retenue, un laisser-aller de la personne, qui lui fait souvent horreur à elle-même, mais auquel la religion lui conseille de se résigner, car les plus grands malheurs sont considérés chez les musulmans comme de salutaires épreuves.

Repoussons toute hypocrisie et parlons en hommes. Les trois quarts des jeunes Mauresques d'Alger vivent... d'elles-mêmes. Le dernier quart subsiste d'un travail de broderie presque insuffisant, ou mène une existence oisive, mais régulière, grâce au petit commerce de leurs pères ou de leurs maris. Mais toutes — elles sont si peu nombreuses, d'ailleurs! — toutes savent que, veuves ou répudiées, — et les maris répudient leurs femmes sous les prétextes les plus frivoles, — elles n'auraient d'autre ressource que la galanterie. De là une sorte de fraternité établie entre elles, en dehors des hommes, malgré les hommes, et que nul pouvoir ne peut rompre.

Jugez-en. Je vous ai dit que les Mauresques étaient peu nombreuses; elles se connaissent donc toutes par leurs noms. Elles se rencontrent dans les rues, au tribunal des *amins* ou à celui du cadi, au marché, aux bazars, et, chaque semaine, aux bains, où personne ne les surveille. Entendez-vous d'ici ces interminables causeries? Songez qu'elles passent six heures aux bains; et que peuvent faire des femmes, des Mauresques surtout, enfermées pendant six heures? C'est là que la femme mariée, vivant discrètement dans sa maison, apprend de son amie d'enfance par quelle suite d'événements elle s'est vue obligée, un jour, de se vendre au chrétien. C'est là que les Juives et les négresses leur transmettent, en les accompagnant de conseils intéressés, les messages des étrangers. C'est là encore que les unes déplorent à haute voix leur renfermement, et les autres l'usage qu'elles sont forcées de faire de leur liberté, et que les Européennes — car les Européennes vont souvent aux bains maures — raillent les unes de leur docilité conjugale, et les autres de leurs regrets.

Donc, pendant qu'elles prennent leurs douches, demi-nues, se teignent les cheveux de hennah, se parfument et fument en mangeant des pâtisseries, elles causent, accroupies en cercle sur les dalles brûlantes. Puis elles reprennent leurs vêtements, et, tout en sueur, elles quittent le bain ensemble, par petits groupes de trois ou quatre, et remontent les rues de la haute ville. C'est alors que la femme mariée apprend, chemin faisant, de la courtisane, comment il faut lancer les yeux, sous le haïk, pour faire pâlir le Français nouvellement débarqué. Et si ce Français est familier, et dit un mot plaisant, en passant, à la courtisane, la courtisane rit, et son amie rit aussi. Et comment ne se rendraient-elles pas de visites ? La première chose que fait le mari quand une étrangère entre dans sa maison, c'est de la laisser seule avec sa femme. L'usage lui fait un devoir de ne pas chercher à connaître son visage, et il ne peut la condamner à la fatigue du masque. Il se retire donc, ignorant le plus souvent quelle femme est chez lui, et il n'est, vous le comprenez, que trop facile de le tromper sur son identité. Ainsi, dans chaque maison, même dans les maisons les plus honnêtes, s'ourdissent journellement des complots contre les maris. Tirez la conséquence de ces prémisses, mon cher maître. Pour moi, je vous donne mes renseignements tels quels; et mes renseignements sont bons, croyez-le.

J'ajouterai à ce qui précède un fait important. Précisément à cause du renfermement où la Mauresque est tenue, elle se fait une sorte de point d'honneur de déjouer la surveillance de son maître. Chez elle, comme chez la femme arabe, il y a une préoccupation incessante de tromperie. Tromper son mari, sans motif, pour le plaisir de tromper, tel est son rêve; et elle n'est que trop disposée à transformer son rêve en réalité. Les ruses les plus perfides lui sont comptées par ses amies comme des titres flatteurs dans l'art de vivre. Vous voyez que les mœurs à Alger sont bien réellement la contrepartie des mœurs françaises. Ce qui, chez nous, est tout à l'avantage de l'homme, ici profite à la femme, dans l'opinion des femmes. Et si je vous disais jusqu'où va la crudité du langage des mères de famille les plus honnêtes et des jeunes filles les plus étroitement renfermées !... Il suffit à la femme de ne pas montrer son visage pour conserver l'estime de sa famille et de son mari.

Les Mauresques n'ont pas d'esprit de conduite. Ce n'est pas toujours le cœur où l'intérêt qui les dirige, c'est un certain besoin de distractions enfantines. Elles aiment la toilette, les bijoux, les oiseaux, les fleurs, les parfums. Avec un mot, on les entraîne. Elles attachent fort peu d'importance à la fidélité. Pour elles, il y a un abîme entre l'amour et l'abandon de la personne. Maîtresses commodes, quoique peu dociles, elles ne parlent guère, si on ne les excite pas. Ce sont généralement des marchands maures ou des officiers français qui les entretiennent. Elles ignorent tout d'elles-mêmes, jusqu'à leur âge; elles ne connaissent que leur rang de filiation dans les familles où il y a plusieurs enfants. Une fois par semaine, elles vont aux bains, et le vendredi, jour férié des musulmans, elles s'entassent dans les omnibus à claire-voie qui les mènent au cimetière de Sidi-Abd-el-Kader, à Mustapha.

Là, assises sur les tombes, démasquées, elles mangent des pâtisseries et des fruits en bavardant comme des écolières. On les voit aussi, souvent, surtout pendant le Rhamadan, errer dans les rues de la ville française, s'arrêter devant les boutiques, discuter sur le plus ou moins de goût qu'elles reconnaissent dans les modes et les ajustements des Européennes; et surtout on les rencontre aux environs du tribunal des *amins* et de celui du cadi, car elles ont la rage de plaider, se défendant et accusant elles-mêmes, en parlant avec volubilité sous le masque, à travers une petite fenêtre grillagée.

Aussitôt qu'une fête indigène est annoncée dans la haute ville, soit à l'occasion d'un mariage ou d'une naissance, soit pour célébrer le retour d'un voyageur ou d'un banni, elles remuent ciel et terre pour s'y faire convier, pour y chanter, pour y danser, en grand costume de gala, avec des diamants et des fleurs. Le plus souvent, les diamants dont elles se couronnent ne leur appartiennent pas. Ce sont les Juives qui les leur louent, *à la journé*, pour une soirée, pour un rendez-vous, pour une fête. Et quand la location dépasse deux ou trois jours, la Juive ne manque pas de venir voir, chaque matin, si ses bijoux sont intacts. Quant à ceux qui leur appartiennent, et il y en a souvent de fort beaux, elles les enfouissent dans de petits coffrets, sous un tas de rubans et de chiffons, avec des pots de pommade et de gros peignes de buis dont elles se servent pour démêler leurs cheveux épaissis par la teinture. Elles ont conservé l'usage des eaux de senteur, et elles les renferment dans de longues fioles ; mais, déjà, toutes ne s'épilent plus, et, tiraillées entre les usages arabes qui les charment, et ceux des Français qui les surprennent par leur nouveauté, elles sont maintenant comme des objets à deux fins, désagréables, ou du moins choquantes pour les deux races ennemies à qui elles veulent plaire.

Leur caractère s'est grandement ressenti du changement apporté dans leurs habitudes. Les plus intelligentes regrettent de parler mal le français, de ne savoir ni lire ni écrire, et elles s'exercent à apprendre. Quelques-unes ont adopté un grand nombre des mots à la mode qui font fureur à Paris pendant six mois; mais elles s'en servent trop tard, et disent, par exemple, *un bon jeune homme*, quand déjà nous disons *gandin*. Si elles s'occupaient de littérature, elles en seraient encore aux romans de M. d'Arlincourt. J'en ai entendu une chanter la romance de Marco, et elle croyait me faire plaisir !

Les Français arrivent à Alger affamés de Mauresques. Mais ils s'en lassent bien vite et retournent aux Espagnoles et aux Françaises. Si les Mauresques avaient assez d'intelligence pour rester elles-mêmes et conserver les usages orientaux, je crois qu'elles plairaient davantage et plus longtemps. Malheureusement, elles ont la rage, elles aussi, de se civiliser, et j'en ai rencontré quelques-unes, le soir, qui se promenaient dans les rues du bas quartier, vêtues de crinolines et de robes à volants!

Quand elles sont vieilles, appauvries, leur dernière ressource est le mont-de-piété, où elles vont porter d'abord les bijoux qu'elles aiment tant, puis les belles vestes de satin brodées d'or achetées au grand bazar, puis les haïks du Maroc à bandes de soie, qui les couvraient de la tête aux pieds comme de blanches idoles. Toute leur garde-robe y passe en peu de temps. On leur prête fort peu de chose sur les nippes, presque toutes usées, qu'elles apportent; et parfois ces nippes ont si peu de valeur, qu'on ne leur prête rien du tout. Les Juives, qui les guettent à la porte de *l'établissement de bienfaisance*, leur offrent alors quelques sous en échange de l'objet refusé. C'est une chose navrante que de voir vaguer dans les rues ces femmes à demi résignées qui tendent la main aux chrétiens en implorant leur charité dans une langue qui n'est pas la leur.

Souvent, elles vont pleurer au marabout de Si-Mohammed-el-Chériff, dans la haute ville, et supplier le saint d'avoir pitié de leurs maux. Courbées sur un bâton, trébuchantes sur les degrés des rues, portant au bras un *couffin* plein de choses sans nom ramassées au coin des bornes, elles geignent en marchant, sales, toujours masquées, cependant ! Et c'est à peine si, quand elles sont mortes, elles obtiennent un trou en terre dans le champ où dorment leurs mères, sous les oliviers centenaires de Mustapha.

Un jour, à la porte de la préfecture, je fus témoin d'une scène qui ne s'effacera jamais de ma mémoire. Cent cinquante Mauresques étaient réunies sur la petite place, debout, et attendant qu'on les introduisît. C'étaient des Mauresques fort pauvres et vieilles pour la plupart. Elles avaient les pieds nus dans des *sabbat* déchirés, des haïks grossiers et troués qui se fripaient sur leur dos, et l'on voyait leurs yeux rougis clignoter tristement au-dessus de leurs masques. Quelques-unes, infirmes, s'appuyaient sur des bâtons. D'autres se laissaient conduire par des négresses. Elles venaient là pour recevoir l'aumône impériale, que le préfet était chargé de leur distribuer. Moi, voyant leurs vêtements sales, leur contenance humiliée et la façon assez leste dont le *chaouch* les poussait sous la porte de l'hôtel, je les prenais pour de malheureuses femmes d'artisans ; mais un *amin*, qui passait là, me tira d'erreur. Ces femmes, que je reconnus alors pour les avoir vues me demander l'aumône dans la ville, appartenaient aux premières familles d'Alger !

Des essais honorables ont été tentés, à plusieurs reprises, pour arracher cette malheureuse race à son avilissement. Mais la tâche était difficile. On ne savait par quels moyens commencer. Donner du travail à des gens qui bêchent la terre ou remuent des moellons est chose facile pour une administration ; mais comment occuper des artisans qui ne savent que broder, et encore !... qui sont souvent négligents, d'ailleurs, et dont la mollesse a son excuse dans les ardeurs du climat ! Comment obvier, pour eux, à l'inconvénient de la cherté des loyers et des subsistances? Comment les prémunir contre les vices dont les Européens leur donnent l'exemple? Comment enfin, au nom de leur salut, violer l'asile sacré de leur maison de famille, pour les obliger à commencer leur propre rénovation par la rénovation des femmes? Comment instruire leurs femmes, au surplus? Il n'y a pas d'institutrices chez les Maures ; et des institutrices françaises, les Maures n'en veulent pas. Ils craignent que leurs filles ne soient détournées de leur religion, et, pour tout dire des habitudes consacrées par la tradition, et qui leur sont chères, ils redoutent cette éducation libérale, trop élevée, qui, selon eux, ne peut se concilier avec les devoirs que les mœurs des musulmans imposent à la femme, qui ne peut manquer d'affranchir l'épouse des rigueurs du gynécée et la fille du renfermement où elle doit être tenue aussi sévèrement que l'épouse. Je n'ai point à examiner ici l'opinion des Maures; il me suffit de la mentionner. Tout au plus admettraient-ils qu'on donnât à leurs enfants une éducation professionnelle qui les mettrait à même de subvenir en partie à leurs besoins. Mais cette éducation, qui consiste dans l'apprentissage des travaux de la couture et de la broderie, est-elle suffisante? N'y faut-il point ajouter l'enseignement des langues arabe et française, la lecture, l'écriture, le calcul? Grave question pour celui qui s'est bien pénétré des mystères de la religion musulmane. Pour moi, examinant comment vont les affaires de ce monde, je n'oserais me prononcer — pour ce qui concerne les femmes — entre l'oppression musulmane et le libéralisme trop souvent dupé des chrétiens.

IV

Les Juifs : esprit de conduite ; industries ; leur richesse. — Les Juives : types divers ; costumes ; détails de mœurs. — Mariage juif.

La race maure n'est pas la seule que nous ayons trouvé installée à Alger. Une autre existe auprès d'elle, non moins intéressante, une race rivale qui s'est implantée sur le territoire africain depuis quinze cents ans, et qui, à force de patience et de résignation, est parvenue à végéter sous la domination des Turcs, et enfin, aujourd'hui, grâce à nous, s'est relevée de son antique abaissement. Je veux parler de la race juive.

Les Juifs, parmi les indigènes, sont les seuls qui aient profité de notre conquête. De tout temps, au reste, ils avaient su se rendre indispensables. Ils étaient les intermédiaires nécessaires entre tous ceux qui avaient à vendre un objet quelconque et ceux qui désiraient se le procurer. Un Arabe traversait-il un marché, au lieu de s'adresser directement, son argent à la main, à l'Arabe qui détenait les denrées dont il avait besoin, il cherchait des yeux un Juif dans la foule, l'appelait et le chargeait, moyennant courtage, d'acheter ces denrées pour lui. Je n'ai jamais pu me rendre compte de ce fait inouï pour tous ceux qui ont la moindre notion du commerce; mais il n'est pas contestable, car on peut l'observer encore aujourd'hui.

L'industrie des Juifs a toujours été supérieure à celle des Maures, et elle a fait d'immenses progrès depuis trente ans. Dès les premiers jours de l'occupation, ils ont compris que les Français leur apportaient la liberté. Les premiers, ils ont éprouvé le besoin de nous servir, de se plier à nos usages, d'apprendre notre langue, et ils ont fait preuve, en cela, d'un remarquable esprit de conduite. Quel genre d'esprit, au surplus, fait défaut aux Juifs, en quelque lieu de la terre que ce soit? J'ajouterai, à leur éloge, qu'à Alger, du moins, ils travaillent beaucoup plus que les Maures, et plus intelligemment.

Leur industrie comporte presque toutes les industries possibles. Ils sont joailliers, monteurs de diamants, fabricants de plateaux de cuivre, d'étain, et de vases d'argent, de selles arabes, d'étriers, de harnais; tailleurs de vêtements indigènes, passementiers, fileurs d'or, marchands d'or, d'huile, de blé, de tissus, escompteurs et même un peu usuriers, — pour ne pas perdre une antique et chère habitude, — courtiers, maquignons, bouchers, boulangers, fruitiers. Les plus pauvres d'entre eux sont portefaix à la douane ou maçons. Les plus riches spéculent sur les maisons, font la banque et le commerce d'exportation. Aucun n'est inoccupé, et tous, au moyen de caisses de secours alimentées par des quêtes semestrielles, s'entr'aident, se soutiennent, formant une ligue fraternelle, — honorable sans doute, — mais que je commence à trouver un peu menaçante pour nous autres pauvres chrétiens.

La conséquence de l'esprit de conduite dont je vous parlais, c'est que la plupart des maisons d'Alger, qui autrefois appartenaient aux Maures, appartiennent aux Juifs aujourd'hui. La rue Napoléon, cette grande rue très-large et très-laide qui part de la place Bugeaud pour aboutir à la cathédrale en suivant une ennuyeuse ligne droite; — la plus bête des lignes, —

et compte plus de deux cents bâtisses à quatre et cinq étages, est tout entière dans leurs mains. Et parmi les maisons de campagne éparpillées dans les bocages de Mustapha, il y en a bien peu qu'ils ne détiennent en vertu de bons contrats notariés, car les Juifs prêtent sur hypothèques, et d'autant plus volontiers que le taux légal de l'intérêt est fort élevé à Alger.

Le plus riche d'entre eux, qui fait le commerce des rouenneries, possède un million au moins, et je ne jurerais pas que le plus pauvre ne possède que peu de chose. Ils sont là 8,000 environ — 2,000 de plus qu'en 1830 — qui ne songent qu'à s'enrichir, toujours le nez au vent pour voir s'il ne leur apportera pas quelque bonne aubaine, patients, courageux, silencieux surtout et furtifs, parlant l'arabe avec un accent mou et traînant bien reconnaissable, et le français avec une pureté merveilleuse. — Il est vrai qu'ils ont moins intérêt aujourd'hui à parler l'arabe que le français. Ils habitent presque tous, non plus des maisons mauresques, mais des appartements disposés à l'européenne, meublés de meubles européens, avec des fauteuils d'acajou au lieu de divans, des commodes au lieu de coffres, et ils mangent assis à table sur des chaises de paille, avec des couteaux, des cuillers et des fourchettes. Il n'y a guère que les serviettes qu'ils n'aient pas encore adoptées.

Autrefois, on les reconnaissait à leurs vêtements. La couleur blanche leur étant interdite, ils portaient des turbans bleus ou noirs et des burnous noirs ou marron. Aujourd'hui, ils ont abandonné les couleurs sombres qui les désignaient trop bien, car ils ne tiennent pas à être reconnus, étant détestés des Arabes qui les malmènent, et ils se coiffent du turban blanc; mais ils le portent sans grâce, le posant tout droit sur la tête, et même ils ne le portent plus que rarement. La casquette, l'ignoble casquette de velours a remplacé sur leurs fronts l'élégante et massive coiffure des Orientaux. Mais ce n'est pas tout ! afin de s'enlaidir un peu plus, ils nouent des cravates de soie noire à leur cou, ils chaussent des bas bleus comme nos paysans, et des souliers français à talons et à hauts quartiers, ne conservant de l'ancien costume que les culottes et les vestes noires, et, ainsi travestis, tenant à la fois, par les dehors, du *Ruffian* et du Turc de carnaval, avec leur tournure sans style, leur barbe à moitié faite et leur saleté, ils courent incessamment à leurs trafics, objets de stupéfaction pour les Arabes, car les Arabes ne comprennent pas la situation que nous leur avons laissé prendre parmi nous. — Ce sont eux qui ont tué ton Dieu, cependant ! — me disait un jour un agha, indigné de me voir serrer la main à un Juif.

Je ne trouvai rien à répondre à cette apostrophe. Les Arabes sont impitoyables dans leur logique, comme les femmes et les enfants.

Il y a des exceptions en tout; il y en a donc chez les Juifs. J'en ai connu quelques-uns à qui ces traits généraux ne peuvent pas s'appliquer. Un surtout, bien connu à Alger, se distingue de ses coreligionnaires à tel point qu'on le prendrait pour un Juif de contrebande. Il tient une grande boutique d'articles algériens au bazar d'Orléans, et les Maures eux-mêmes sont obligés de lui rendre justice. Solal, du reste, grâce à sa bienfaisance et à sa probité, est devenu un personnage. Il est vice-président du consistoire israélite, membre du conseil municipal, des conseils d'administration de la caisse d'épargne et du mont-de-piété. Les uns assurent qu'il a amassé de grandes richesses, les autres en doutent un peu. Je suis de ceux qui en doutent, car je

connais quelques-unes des libéralités de Solal,
et je sais par expérience qu'on s'enrichit rarement aux libéralités. Entre autres *inventions*
extraordinaires, Solal a créé successivement
de ses deniers deux écoles pour les enfants
pauvres de sa religion, et la municipalité
d'Alger n'a consenti à adopter ces écoles que
lorsque Solal avait dépensé pour les entretenir beaucoup d'argent. C'est un homme modeste, à l'air fin, proprement mis, et que tout
le monde respecte. Il vient, tout récemment,
d'ouvrir une succursale de son magasin à
Paris. Mais, hélas! Solal a trop compté sur le
bon goût du peuple le plus spirituel de la
terre. Ses belles étoffes du Maroc, de Smyrne
et de Tunis restent sur les rayons de sa boutique. Les *Philistins* les trouvent trop chères ;
ils leur préfèrent, et de beaucoup, les horribles
contrefaçons de Nîmes et de Lyon. Solal en
gémit. Il y a de quoi. Chaque chaland, en

entrant chez lui, s'abat sur ces bijoux faux dont ne voudraient même pas les négresses. Quant à ses *tassa* en argent, à ses éventails de plumes d'autruche, à ses haïks si légers et si transparents, à ses mouchoirs brodés, à ses coussins de cuir gaufré, à ses aiguières de vermeil, on les regarde d'un œil distrait et on ne les marchande même pas. Faites donc comprendre aux bourgeois de Paris, les plus bourgeois de tous les bourgeois, l'énorme différence qui existe entre le style oriental et l'absence du style! C'est à peu près aussi impossible que de prendre la lune avec les dents!

Ne nous arrêtons pas plus longtemps sur une exception. Je vous ai parlé de l'industrie des Juifs algériens. Il y a une chose qui me frappe dans cette industrie, c'est que les femmes ne s'en occupent point ouvertement. On les voit bien, de temps à autre, colporter, de maison en maison, des parures d'*occasion*, qu'elles désirent vendre ou louer, et souvent, embusquées aux abords du mont-de-piété, guetter les Mauresques pour faire concurrence à la banque — dite charitable — qui les ruine ; mais aucune d'elles ne se montre dans une boutique pour attirer les clients ou traiter une affaire avec eux. Est-ce un reste d'habitude? Pas une boutique indigène n'est tenue par une femme. Les Juives, cependant, sortent le visage découvert, et répondent au premier venu qui leur adresse la parole sur la place publique. Mais si elles ne s'occupent de commerce que très-indirectement, et, pour ainsi dire, en se cachant, elles ne se rendent pas moins utiles à leurs familles. Je n'ai jamais vu de ménagères plus infatigables : du matin au soir on les surprend dans leurs maisons — où l'on peut entrer librement — s'exténuant à faire la cuisine, à blanchir le linge, à raccommoder les hardes, à laver les carreaux de faïence, à fixer des paillons sur des mules de velours, à broder des corsages de robe; que sais-je? et surtout à allaiter et à nettoyer leurs enfants. Mais, par un phénomène inexplicable, leurs maisons si bien lavées exhalent toujours une odeur nauséabonde, et leurs enfants si bien soignés sont toujours couverts de guenilles. Il y a dans le sang des gens de cette race je ne sais quoi de maladif qui se répand dans leurs demeures et dans les moindres objets à leur usage. Ajoutons que, de même que les Maures et les Arabes, ils ont horreur de la vaccine : aussi ont-ils presque tous les yeux rouges et le visage grêlé.

Leurs femmes... Ici je ne voudrais pas me laisser emporter par un enthousiasme exagéré, non sans motif, ni me laisser dominer par une sorte de parti pris; mais dire la vérité absolue sur les Juives d'Alger, c'est bien difficile! Leurs femmes ne sont ni laides ni belles, c'est-à-dire qu'il y en a de repoussantes, et d'autres, en plus petit nombre, qui réalisent un certain idéal de beauté. La plus belle que j'aie vue se mourait d'une maladie de cœur : elle se nommait Miriam, comptait à peine vingt ans et venait tout récemment de se marier. Figurez-vous une créature mignonne et fluette, de taille moyenne, à l'air soumis, comme interdit, très-nonchalante d'attitude et portant tous les signes d'une mort précoce dans les traits de sa figure. Elle se sentait déjà si faible qu'elle s'appuyait le long des murs en marchant, et, quand elle s'arrêtait, elle accotait son épaule au montant d'une porte, pliant la jambe et posant son pied sur la pointe, dans une pose pleine de fatigue et de langueur. Son teint clair avait l'éclat brillanté de la porcelaine, mais une légère ombre rosée colorait faiblement ses pommettes saillantes. Sa tête était petite, sa face un peu allongée, son front très-serré vers les tempes, son menton lourd, son nez écrasé mais correct, et, avec ses narines ouvertes, ses prunelles très-noires, enfoncées et comme figées au centre de ses sclérotiques bleues, ses sourcils allongés et réunis par le *hennah*, — qui décrivaient au-dessous de son front un grand trait l'isolant du reste du visage; — avec son foulard rouge à raies noires, disposé comme le bonnet à pans carrés des anciens Égyptiens, et, au-dessous du foulard, ses oreilles en saillie, et, plus bas encore, sa longue bouche presque sans lèvres, aux angles abattus, et son cou mince, elle avait l'air d'une statuette d'Isis.

Sa robe — *djebba* — de satin grenat, un peu sombre et moirée, à bouquets cerise, avec un grand plastron d'or plaqué sur les seins, s'échancrait à la base de son cou qu'entourait un collier de diamants agencé en étoiles. Cette robe, sans manches, découvrait le sommet de l'épaule et laissait voir un cafetan de soie blanche brodé de palmes roses. Une ceinture de cachemire serrait sa taille au-dessous de ses seins flottants, et de là sa jupe tombait toute droite autour de son corps, comme un fourreau, sans un seul pli, jusque sur ses pieds mignons à peine chaussés de sandales pointues en cuir rouge. Un large galon d'or bordait cette robe épaisse et semblait, dans sa dureté, un cercle de métal. Ses bras d'enfant étaient nus sous des demi-manches de tulle. Enfin, elle avait de petites mains, très-pâles, avec des bracelets d'or qui dansaient sur ses poignets, et une odeur d'ambre très-pénétrante s'exhalait de sa personne.

Le costume des Juives, comme vous voyez, diffère beaucoup de celui des Mauresques : il a plus d'ampleur, il est plus féminin; enfin, chose précieuse, il fait valoir, en les laissant deviner, les formes du corps. Mais je ne vous donne pas le portrait de Miriam comme un résumé très-pur du type juif. Loin de là ! Miriam, avec son cou dans les épaules et son front aplati, se rapproche plutôt du type égyptien ; et puis son air maladif verse sur elle un je ne sais quoi de pitoyable et d'attrayant qui la fait voir plus belle encore qu'elle ne l'est réellement. — Ce n'est pas la première fois que le sentiment fait tort à la plastique. — Un jour, en gravissant je ne sais quelle rue voisine de la *Kasbah*, je vis une autre Juive qui, mieux que Miriam, pouvait personnifier toute sa race. Elle était tout debout, en plein soleil, sous l'encadrement d'une porte, et elle avait un tel air de bonne humeur et de santé que je ne pus m'empêcher de sourire ; car l'image de l'altière jeunesse, confiante en elle-même, est le plus beau spectacle qui puisse réjouir les yeux d'un homme. J'ai su, depuis, que cette Juive n'avait pas plus de seize ans, et se nommait Ribka.

Elle était blonde, un peu potelée, blanche, rose, avec des yeux châtains et très-doux, de longs sourcils, un teint égal, de belles lèvres très-rouges et très-charnues découvrant ses dents jusqu'aux gencives, et ses dents, brillantes, humides, petites comme celles d'un chat, semblaient toutes prêtes à mordre.

Ses cheveux, collés en bandeaux sur ses tempes, passaient au-dessus de ses oreilles et tombaient jusque sur ses reins en une natte épaisse, liée à son extrémité par un ruban rose. Des boutons de diamants étincelaient sur ses joues, et son cou blond, ombré de follets légers, se perdait par une ligne suave dans le plan supérieur de sa poitrine. Un foulard de Tunis rouge et or, à raies bleues, s'arrondissait sur sa tête comme une calotte étroite, avançant sur ses sourcils de manière à cacher presque tout son front. Son cafetan d'un bleu pâle se plissait sous ses aisselles, et de là, de longues et larges manches, en tulle très-clair, descendaient sur ses bras tout ronds. Mais ce qui tirait le plus l'œil dans toute sa personne, c'était sa robe noire et jaune, en satin épais, qui se gonflait magistralement sur ses seins modelés, et tombait sur ses pieds comme un grand et lourd morceau de tenture. Elle était si peu chaussée qu'on voyait la commissure de ses doigts, et quand, gênée par mes regards, elle traversa la rue pour rentrer chez elle, les petits doigts de ses pieds s'échappaient de ses babouches, dont les deux semelles claquaient à chaque pas sur ses talons nus.

J'eus plus d'une fois l'occasion de revoir Miriam et Ribka, et je ne tardai pas — étant très-interrogatif, comme vous le savez — à apprendre mille choses intéressantes sur leur compte. La première était mariée à un monteur de diamants, jeune encore, aussi laid et aussi commun que peut l'être un Juif d'Alger, et cet époux, élevé dans les bons principes de sa nation, entre autres habitudes avaricieuses, avait celle de se coucher à sept heures pour économiser la chandelle. Il était *à son aise*, cependant; mais, comme il ne travaillait pas le soir, à cause de la faiblesse de sa vue, il n'imaginait rien de mieux pour s'occuper que de dormir. Sa femme se soumettait passivement à cette manie, — à quoi ne se serait-elle pas soumise ! — D'ailleurs, elle était au moins aussi avare que son mari, et l'on m'a dit qu'elle aussi, pour tirer un bon parti de ses bijoux, les louait souvent aux Mauresques. Admirez comme tout se tient, dans l'esprit des Juifs. Chez eux, le luxe ne coûte pas, il rapporte!!!

Ribka n'était pas aussi industrieuse que la pâle Miriam; elle était plus jeune, d'ailleurs, et le mariage n'avait pas encore développé en elle le germe saint et trois fois saint de la sordide économie. Cette jeune fille si bien portante et si souriante, dont le père faisait le commerce du blé entre les Arabes et les chrétiens, n'avait guère d'autre occupation que de prendre soin d'un affreux marmot, son jeune frère, qui, lui, ne songeait du matin au soir qu'à la faire endiabler. Je n'ai jamais vu d'enfant plus sale, plus mal tenu, plus tyrannique et plus criard, que ce bambin de trois ans. Son bonheur consistait à jeter par les fenêtres les sandales de sa sœur, à renverser les meubles, à tremper ses doigts dans la soupe chaude et surtout à gratter à deux mains la vermine qui lui dévorait la tête, en poussant des cris à fendre l'âme auxquels il m'était impossible de m'habituer. Que de fois n'ai-je pas senti dans mon cœur le désir féroce de le lancer dans la rue à la suite des babouches de Ribka, ou de plonger sa tête horrible dans la marmite bouillante qui lui échaudait les doigts ! La seule crainte d'attrister sa sœur m'en empêcha constamment ; mais aujourd'hui, en y réfléchissant, j'avoue que je regrette un peu ma mansuétude.

Les Juifs font vœu, souvent, comme les chrétiens, d'habiller leurs enfants tout en blanc pendant plusieurs années, mais avec cette restriction curieuse, que leurs parents et leurs amis se chargeront de fournir les vêtements. Aussi les enfants ainsi voués sont-ils toujours en guenilles. Ces enfants des Juifs, en grandissant, ont une véritable manie de civilisation. Ils reçoivent une sorte d'éducation française dans leurs écoles, et leur unique rêve, quand ils arrivent à l'âge de puberté, c'est d'abandonner le costume traditionnel de leur nation pour adopter le costume européen, non pas que nos vêtements étriqués les séduisent, mais ils les font respecter. Ils n'ont pas la résignation de leurs ancêtres, qui supportaient docilement les outrages des Maures et des Arabes, et ils vont se plaindre à la police de la moindre insulte qu'on leur fait. Ce sont des gens très-habiles. Ils savent qu'ils ont tout à gagner à se faufiler parmi nous. Nous avons du reste pour eux, à Alger, une sorte de prédilection inexplicable, et, tout récemment, sur leur demande, nous les avons incorporés dans les rangs de la garde civique. Cela ne les empêche pas de repousser dédaigneusement toute alliance de famille avec les Français.

Je regrette peu, pour ma part, le costume des Juifs. Celui des Juives seul a du style et de l'éclat. La plus pauvre d'entre elles, la femme du portefaix ou du maçon, se fait un point d'honneur de le porter, et elle économise sou par sou pour se vêtir, le samedi, de la robe de satin à plastron d'or. Ces femmes de la basse classe ont une sorte de beauté relative et de grandeur dans la démarche. Quand elles sont mariées, elles cachent leurs cheveux et leur menton sous un mouchoir bordé de dentelle, et, avec leurs gros bras, leurs yeux à fleur de tête, leur teint blafard et leur chair flasque, ou plutôt boursouflée, enveloppées tout d'une pièce en de longs fourreaux de couleur, elles ont l'air de grandes idoles. On les rencontre un peu partout, car elles aiment à traîner leurs savates aux environs des fontaines publiques, et, le samedi surtout, elles se groupent pittoresquement au seuil de leurs portes. Elles ont presque toutes le regard fixe et hardi, et quelque chose de guindé, non sans grâce, qui provient de l'absence des plis dans leur costume; mais elles ont le sang appauvri, cela se voit et de reste! Aussi les compare-t-on involontairement à des fleurs maladives, presque vénéneuses. Pour tout dire, elles attirent et elles font peur.

Si les Juives du bas peuple — très-malpropres, du reste, j'avais oublié de vous le dire — tiennent à conserver leur costume national, celles qui possèdent quelque fortune y tiennent peut-être encore moins que leurs pères et leurs maris. Les plus jeunes seules, cependant, s'habillent à la française. Leurs mères se contentent d'associer dans leur toilette les vêtements indigènes et européens, et elles se font ainsi une sorte de déguisement sans goût et sans grâce, affreux à voir, et qui doit être assez peu commode à porter. Croiriez-vous qu'elles chaussent leurs pieds de brodequins à talons et en cuir verni, qu'elles couvrent leurs grosses mains de gants de peau, et cachent leur taille sous des châles de *crêpe de Chine?* Avant dix ans, si cette rage de s'enlaidir continue chez les Juives, on ne rencontrera plus à Alger un seul costume qui ne fasse horreur aux artistes. Tout s'en va par toute la terre. Il y a longtemps déjà que vous le savez.

J'ai eu la bonne fortune d'assister à un mariage juif, — j'entends à l'une des fêtes qui précèdent le mariage. — Je descendais un jour la rue Staouéli avec un de mes amis, jeune officier d'état-major de belle mine, quand un bruit de musique indigène vint affliger nos oreilles, et nous vîmes une foule de gens du peuple groupés devant une porte ouverte. Après nous être informés de la cause du rassemblement et de la musique, nous sollicitâmes la faveur d'être introduits, et on nous l'accorda de fort bonne grâce, en nous invitant à monter sur la galerie du premier étage de la maison. Il y avait là une douzaine de Juifs coiffés de casquettes, qui se prélassaient en fumant des cigarettes, et de jeunes enfants qui s'empiffraient de bonbons. Mais le véritable spectacle n'était pas là, et il nous fallut nous accouder sur la balustrade de la galerie pour le voir; il consistait en une grande réunion de femmes rassemblées autour de la cour. Elles étaient toutes en toilette, assises et alignées sur trois rangs en arrière des colonnettes, et leurs robes de satin, de velours et de taffetas brodées d'or formaient un assemblage de couleurs des plus bizarres et des plus violents. Presque toutes portaient la mentonnière de dentelle, toutes avaient des perles enfilées autour du cou et des diamants sur le front; mais, hélas ! toutes aussi allongeaient devant elles de grands pieds chaussés de bottines, et leurs mains, qui passaient sous leurs châles, étaient couvertes de gants vert-chou. Au fond, en face de la porte, deux chanteurs maures accroupis chantaient d'un air dolent — remarquez qu'ils chantaient chez des Juifs — en raclant leurs instruments, et, auprès d'eux, assise dans un fauteuil, la mariée, jeune et gentille, en grande parure, se tenait immobile, pareille à une statue de bois colorié. Je n'ai jamais vu de femme plus couverte de bijoux. Je crois qu'elle avait emprunté, ce jour-là, tous ceux des membres de sa famille. Sa tête disparaissait sous les diadèmes de diamants superposés; elle avait encore comme une haute cravate de perles fines, de triples boucles aux oreilles, et d'énormes bracelets remontaient tout le long de ses bras jusqu'à la hauteur de ses coudes. Sa robe rouge à palmes d'or, son poitrinal éclatant, ses beaux yeux longs et fixes, contribuaient à lui donner je ne sais quel aspect étrange; et puis, une certaine préoccupation — d'autant plus naturelle que son futur époux était petit, mal bâti, louche et malpropre — attristait son jeune visage. Enfin, elle nous prit un peu par le cœur, et vous avouerez qu'il y avait bien de quoi.

Au milieu de la cour, on avait disposé parallèlement deux longues tables. L'une était surchargée de pâtisseries, de bonbons, de confitures, de flacons de liqueurs et de gros bouquets de roses; l'autre était toute couverte des nippes et des hardes composant le trousseau de la mariée. Un Juif se tenait auprès, soulevait de la table toutes les pièces du trousseau, les unes après les autres, les élevait en l'air, au-dessus de sa tête, pour les bien faire voir à l'assemblée, puis il les déposait soigneusement dans un grand panier. Nous vîmes ainsi défiler devant nous, successivement, les objets les plus divers : de riches étoffes de Maroc et de Tunis, des miroirs à cadre d'argent, de larges *tassa* de vermeil, des dentelles et des bijoux, des draps bordés de tulle, puis des *sabbat* chargés de paillons, et enfin, comme pour faire un triste contraste à ces belles choses, des tapis fort communs, des châles, des bottines, des gants, jusqu'à une ombrelle ! Cette ombrelle me fit détourner la tête avec horreur. Mais mon compagnon ne partageait pas ma colère. Il était fort occupé à se tirer la moustache en souriant d'un air agréable à la petite mariée. Et la vérité m'oblige à convenir que la triste enfant rougissait un peu en admirant, à la dérobée, sa bonne mine. Je sais bien ce qu'elle pensait, et quelle comparaison elle devait faire dans sa jeune tête. Son mari, occupé à compter les pièces du trousseau sur ses doigts, ne s'en souciait même pas.

Quand le Juif eut fait passer devant nous toute la garde-robe de la jeune épouse, la musique se tut, et les femmes restèrent là, sans qu'on leur offrît le moindre gâteau, à se regarder sans rien dire. Il paraît qu'il est *comme il faut*, chez les Juifs d'Alger, de ne pas causer en société. — Économiseraient-ils jusqu'à la parole? me disais-je en entraînant le jeune officier.

V

Les nègres : deux types différents. — Les négresses : Yasminah, Zôhra. — Industries des négresses ; leur costume. — Les Biskris. — Les Espagnols. — Habitants des faubourgs d'Alger.

Les nègres forment à Alger une classe à part, dont les habitudes diffèrent de celles des autres indigènes et des Européens. Il est difficile de les observer, car ils sont mystérieux et méfiants, tantôt silencieux, tantôt d'une gaieté inquiétante, et ils se prêtent peu volontiers, d'ailleurs, aux interrogations. Toutefois, en se contentant d'étudier leur vie extérieure, on ne tarde guère à la trouver pleine de particularités curieuses. Presque tous sont nés dans l'Afrique française, mais il est aisé de voir qu'ils proviennent de races distinctes, et, quoiqu'ils suivent la religion musulmane, ils se livrent à des pratiques d'idolâtrie absolument incompréhensibles pour les chrétiens.

Les uns, dont le sang est sans mélange, ont conservé les traits des caractères généraux qui les distinguent si rigoureusement de la race blanche; ils sont laborieux, résignés, patients comme des bêtes de somme, et leur philosophie enfantine se prête complaisamment à toutes les vicissitudes de la vie. Les autres, dont le sang est plus ou moins mélangé de sang arabe, sont fiers, énigmatiques, ambitieux, et je ne sais quelle austère dignité brille sur leur visage funèbre. Les premiers ont le masque grimaçant, le nez écrasé, le front déprimé, les mandibules énormes, et leur attitude, comme leur démarche, révèle quelque chose de naïvement bestial. Les seconds, avec leur nez droit, leur bouche exactement fermée, leurs yeux tristes, ressemblent à des sphinx hâlés par le soleil, et l'élégance de leurs formes, comme l'emphase de leur maintien, prête à toute leur personne un air de majesté très-imposant.

Je n'ai jamais vu nulle part de gens mieux faits pour la domesticité que les nègres de race pure. Ils sont doux, silencieux, actifs, et leur intelligence bornée les garantit de la maladie morale des besoins factices. Pourvu qu'on les laisse vivre à leur manière, ils sont heureux. La couleur sombre de leur face les fait paraître un peu taciturnes; mais si quelque occasion de plaisir se rencontre, ils la mettent aussitôt à profit et s'amusent comme des enfants, sans arrière-pensée. Rien ne vaut le rire de ces êtres voués au servage: Il est celui de la joie franche et de l'ingénuité. Leur bouche fendue jusqu'aux oreilles, leurs longues dents, leurs yeux à fleur de tête expriment une jovialité de bon aloi qu'on chercherait en vain sur la physionomie des rêveurs de l'Occident. Leurs gestes ont la naïveté comique des gestes du singe. Race troublante ! Partout écrasée et partout soumise, elle porte sa laideur avec une risible satisfaction !

Presque toutes les semaines, on rencontre des groupes de nègres se promenant dans les rues d'Alger pour célébrer une fête nouvelle. Ils s'arrêtent dans les carrefours, et, très-sérieusement, font sonner les instruments de leur musique barbare. Quelques-uns dansent sur place en choquant entre leurs mains des castagnettes de fer. Puis ils boivent de l'absinthe, s'essuient le visage et s'en vont attrouper les enfants de place en place, jusqu'à ce qu'ils aient parcouru la haute et la basse ville.

Les nègres de sang mêlé ne vont point à ces

fêtes. Leur gravité native s'accommoderait mal des éclats d'une joie que ne réprime aucune timidité. Si l'un d'entre eux traverse une foule, on le reconnaît mieux encore à sa tournure qu'à sa couleur. Les jeunes surtout sont superbes, avec leur bonnet d'un rouge éclatant et les blanches draperies qui flottent sur leurs épaules. Rien de plus viril que leur démarche. A voir leurs jambes brunes fortement musclées, leurs bras luisants, leur poitrine saillante, on dirait qu'un statuaire les a taillés dans le basalte à coups de hache. Je crois bien qu'ils sentent leur beauté et qu'ils en sont fiers. Comment en pourrait-il être autrement? Les Européennes se retournent lorsqu'ils sont passés, et j'en ai vu plus d'une qui ne se savait point observée et pâlissait en regardant la taille souple de ces enfants de la nuit, dont le manteau se balançait comme une toge de César.

Le plus étrange que j'aie rencontré, celui du moins qui fit sur moi la plus vive impression, était un brigadier de spahis, en garnison à Médéah. Il avait six pieds de haut, vingt-cinq ans au plus, et sa face semblait modelée sur le type grec le plus pur. On eût dit un Apollon de marbre noir. Quand il marchait, son front se relevait instinctivement vers le ciel, et son burnous rouge pendait tout droit sur ses jarrets déliés. Assis, il se tenait renversé en arrière et posait ses deux mains sur ses genoux, dans l'attitude des dieux d'Égypte au fond des temples. Il parlait très-purement le français, avec une voix grave, et ne souriait que du coin des lèvres. Je savais qu'il vivait à l'écart, faisait strictement son devoir et ne s'enivrait jamais. Comme je lui demandais s'il était depuis longtemps au service, il écarta silencieusement les plis de sa veste et me montra des cicatrices sur sa poitrine.

M. le colonel Abdallah me l'avait donné pour guide, et je passai tout un jour avec lui. Il montait un jeune cheval à robe gris de fer, très-méchant, et sa grande préoccupation était de l'empêcher de se jeter sur le mien pour le mordre. Tout en causant avec moi, botte à botte que nous étions sur un étroit sentier, il manœuvrait des genoux sa monture avec une extrême dextérité et roulait entre ses doigts des cigarettes qu'il m'offrait gracieusement après les avoir allumées. Nous fîmes ainsi quinze lieues, et j'en appris long avec lui sur le caractère arabe. Sa conversation était sérieuse, pleine de faits et bien suivie. Il avait beaucoup observé, ne manquait pas d'instruction, ni d'ambition surtout, et possédait au plus haut point le don d'écouter. Combien de blancs, me disais-je en cheminant auprès de lui, n'auraient ni cette réserve, ni cette dignité de manières! Sa tristesse m'inquiétait cependant.

Sentait-il la sévérité du sort qui, en lui donnant un teint d'ébène, le reléguait *injustement* et à jamais dans les grades inférieurs? Je n'osai le lui demander, mais, en le quittant, je tins sa main serrée longtemps dans la mienne, et nulle étreinte ne me remonta jamais plus étroitement au cœur que l'étreinte éloquente et silencieuse de ses doigts glacés.

Je devais, quelques jours plus tard, faire connaissance avec une négresse au moins aussi belle que mon guide. J'étais alors à Alger, et je rôdais dans les rues de la haute ville, selon mon habitude. En passant devant une maison dont la porte était entr'ouverte, j'aperçus dans la cour un marchand maure de mes amis, et je m'arrêtai pour lui souhaiter le bonsoir. Il m'invita à entrer chez lui; nous causâmes quelques instants, et tout à coup il me demanda si je voulais prendre le café; puis, sans attendre ma réponse, il se mit à appeler:

Yasminah ! Yasminah ! Je faillis tomber à la renverse en voyant entrer dans la chambre la jeune femme qui portait ce nom charmant. Elle était longue et mince comme un roseau ; son teint avait la chaude couleur du bronze florentin, et son visage aux traits corrects exprimait une timidité mêlée d'enjouement que j'ai, depuis, vainement cherchée sur la figure des Françaises. Son costume, trop riche pour une servante, se composait d'une chemisette de tulle qui laissait ses bras nus jusqu'au sommet de l'épaule, de pantalons de soie et d'un *fouta* brillant noué sur ses reins souples et tombant droit sur ses chevilles. Un foulard éclatant, à longues pointes, coupait son front par le travers, de minces anneaux de corail serraient ses bras tout ronds à la hauteur de la saignée, et des cercles d'or dansaient autour de ses pieds mignons, chaussés de sandales rouges. Elle tenait un petit plateau de cuivre chargé de tasses entre ses mains, et le corps incliné, les deux bras en avant, elle s'avançait modestement, les yeux baissés, avec une sorte de pudeur craintive.

Le Maure semblait contrarié de la voir se montrer ainsi, le visage découvert, devant un étranger. Sans doute lui avait-il dit de préparer le café, mais non de l'apporter elle-même. Quoi qu'il en soit, Yasminah, ayant posé le plateau sur le tapis, s'agenouilla gentiment et versa dans les tasses la liqueur brûlante, puis, se tenant debout devant nous, elle attendit un signe qui lui dît de se retirer; et quand ce signe fut fait, pivotant sur les talons, elle s'en alla en faisant sonner ses anneaux de jambes, toute droite, sans tourner la tête, les bras pendants, avec l'air juvénile et un peu contraint des Isis aux yeux peints, dont les images sont finement entaillées sur le calcaire des tombeaux d'Égypte.

Parler de Yasminah au marchand maure eût été une faute insigne; car je comprenais bien qu'elle était pour lui un peu plus qu'une servante; la contrariété qu'il déguisait mal me le disait suffisamment. Mais je revins souvent chez lui avec l'espérance de la revoir. Ce fut en vain. Le café ne nous fut plus apporté que par un enfant. Un jour, pourtant, comme le Maure et moi, allongés sur un tapis, nous causions en fumant, la draperie tendue devant une petite fenêtre se souleva, et je vis un bras de femme jeter à nos pieds un chapelet de fleurs de jasmin. N'était-ce pas révéler sa présence d'une façon gracieuse? *Yasminah*, en arabe, signifie *jasmin*. Mon ami ramassa le chapelet de fleurs en fronçant les sourcils. Pour moi, je regardais ce bras brun et rond, que terminait une main idéale. Quand la draperie de la fenêtre l'eut caché, en retombant, je ne trouvai plus rien à dire, et je quittai l'heureux possesseur de Yasminah, pour aller chez moi rêver à ce bras dont le souvenir par moments me tient encore.

Je vous ai parlé déjà de ma négresse Zôhra. Celle-là est toute différente. Figurez-vous une fille de vingt ans, de moyenne taille, un peu fluette, avec une mâchoire et des pieds de singe, d'énormes dents carrées et déchaussées, portant habituellement un serre-tête de calicot blanc, une chemisette et de larges pantalons en indienne. Elle parle un horrible langage mélangé de mots arabes, italiens et français, et, du matin au soir, elle travaille en silence avec la docilité patiente d'un bœuf. Jamais elle ne fait d'observations pour répondre aux ordres que je lui donne. Elle écoute et agit, toujours gaie, malgré son mutisme, ne pensant à rien, et mettant rigoureusement de côté les trente francs qu'elle gagne tous les mois, pour les porter à sa mère. Elle ne possède au monde que les vêtements qui la couvrent; du moins, le jour où elle vint s'installer chez moi, tous ses effets tenaient-ils dans un mouchoir. Chaque soir, elle s'avance à pas muets de mon côté, me prend doucement la main et la baise, et chaque matin, en m'apportant une tasse de café, à mon réveil, elle prononce une phrase en arabe pour appeler les bénédictions du ciel sur ma tête. Il est impossible de se figurer rien de plus laid, et, en même temps, de plus touchant, que cette fille livrée à elle-même dans une ville où, moi absent, elle ne trouverait pas un protecteur. Sa laideur ne la garantit même pas des entreprises amoureuses, car mon domestique indigène, ainsi que je vous l'ai dit, avait ourdi des machinations contre sa vertu. Il paraît que Zôhra est belle pour d'autres yeux que les miens. Je ne puis voir en elle qu'une sorte de singe silencieux et très-doux, qui ne casse rien dans la maison, et souvent, le soir, accroupi sous un beau laurier en fleur, regarde en soupirant les étoiles.

Un jour où, par un soleil dévorant du mois d'août, elle savonnait en plein midi au milieu de la cour dallée de marbre, je m'assis à l'ombre, à six pas d'elle, et j'essayai de la faire causer. J'étais un peu curieux, je l'avoue, de connaître les secrètes pensées de cette pauvrette que je ne pouvais regarder sans horreur, et qui pourtant m'intéressait; mais, malgré toutes mes ruses et mes sollicitations, Zôhra ne voulut point consentir à s'épancher. Tout ce que je pus apprendre d'elle, c'est qu'elle était née à Alger, n'avait jamais connu son père, et travaillait depuis longtemps déjà pour nourrir sa mère infirme. La méfiance l'empêchait-elle de me confier les incidents de sa vie intime? ou son existence, jusqu'alors, avait-elle été dépourvue d'incidents? Il me fut impossible de le deviner. Zôhra, à ce qu'il me parut, ne souhaitait rien au monde, et se contentait de son sort. A quoi donc alors rêvait-elle quand sa besogne était terminée? Et pourquoi la surpris-je un jour pleurant à petit bruit dans sa cuisine? Moi qui, en ma qualité de romancier, cherche l'amour un peu partout, je m'imaginai aussitôt que ma négresse avait une peine de cœur. Mais elle répondit à mes questions qu'elle souffrait d'un grand mal de dents, et je la laissai là, me disant que la chose était peu probable.

Les négresses d'Alger sont toutes servantes ou marchandes de pain, et leur aptitude plus ou moins grande au travail détermine seule le choix du métier qu'elles adoptent. Les servantes sont surchargées de besogne, les marchandes ne font absolument rien, et je ne sais lesquelles gagnent le plus, des premières ou des secondes. Elles sont toutes vêtues d'une manière uniforme, et, quand elles passent dans la rue, il est assez difficile de les distinguer les unes des autres. La grande pièce de cotonnade quadrillée de bleu et de blanc qui les enveloppe de la tête aux pieds fait valoir plus qu'elle ne cache l'ampleur exagérée de leurs formes, et, avec leur démarche hardie, leur dandinement, leurs yeux fixes, elles vous apparaissent, le soir surtout, comme de longs fantômes mystérieux. J'ajouterai qu'elles ont toutes quelque chose d'assez peu décent dans la tournure.

Ce qui me trouble en elles, c'est le caractère particulier de leur beauté, car les négresses sont belles, — pour les nègres du moins et pour les artistes. — Je ne parle point ici de leurs traits, qui se rapportent à des types forts différents, mais de leurs formes. Elles ont généralement le buste très-long, les jambes grêles, les bras ronds, les pieds tout plats, les mains noueuses, la gorge saillante et la chute des reins énorme. Tout cela constitue un ensemble où le style ne manque pas, non plus qu'une certaine grâce; mais on y chercherait en vain cette harmonie qui prête tant de charme aux modèles parfaits de la race blanche. Ces femmes à peau noire et froide, quoi qu'en disent certains raffinés, ne sont décidément pas faites pour plaire aux Occidentaux, et Yasminah elle-même, malgré le mélange de deux sangs dans ses veines, ne supporterait pas une seconde de comparaison avec telle Mauresque dont je pourrais vous citer le nom, et dont le teint a l'éclat des pétales du camellia. J'ajouterai que, à Alger, j'ai trouvé généralement, dans la race nègre, les hommes mieux faits que les femmes.

Vous rencontrerez les servantes, tout le long du jour, gravissant ou descendant les ruelles de la haute ville, portant de lourds fardeaux sur la tête et balançant leurs bras pour se tenir en équilibre. Quant aux marchandes de pain, elles s'accroupissent au pied des murs de certaines rues, et alors leurs genoux remontent sous leurs aisselles, leurs bras pendent en avant, et elles dorment ou bavardent entre elles en attendant les chalands, pendant que leurs galettes, empilées à terre, se dessèchent au soleil. Quelques-unes se tiennent debout et plaquées aux murs pour se reposer; et on les voit ainsi, bien souvent, demeurer toute la journée dans la même position, sans fatigue apparente, mais dans une attitude si morne qu'on les croirait pétrifiées, si de temps à autre ne roulaient leurs prunelles noires sur leurs sclérotiques brillantes. Toutes ces filles se retirent le soir en des réduits inconnus, et quelques-unes se masquent comme les Mauresques, mais elles sont en petit nombre. Au surplus, il y a entre elles et les Mauresques une foule de mystérieux points de contact.

Puisque j'ai commencé à vous parler des ilotes de la race indigène, je vous dirai quelques mots des Biskris. Ils sont fort curieux à observer, et, si ce n'était la beauté de leurs formes, je les comparerais volontiers aux Auvergnats, renommés, chez nous, pour leur probité et leur dévouement au travail. Ils émigrent de bonne heure de leur ville natale, pour chercher à amasser un petit pécule là où ils trouvent l'occasion de s'employer, et ce sont des hommes courageux, industrieux, économes, doués d'une force herculéenne et d'un grand esprit de calcul. On les rencontre, à Alger, sur le quai, où ils font le métier de portefaix, et dans les environs de la place du Gouvernement, où ils se tiennent à la disposition du public, pour faire tout ce qu'on veut bien leur commander. Ces grands gaillards au nez aquilin, au teint de bronze, aux jambes fortement charpentées, sont uniformément vêtus de culottes de coutil gris, d'un sarrau de même étoffe et de même couleur, et d'un bonnet rouge feutré qu'ils plantent sur le sommet de leur tête. Ils ont de belles dents, des yeux noirs, sont très-vifs, et passent à se disputer tout le temps qu'ils ne donnent pas au travail. Les rixes, entre eux, sont fréquentes, et c'est plaisir de les voir, un *couffin* au bras, courir au-devant d'une diligence, escalader le véhicule, arracher les malles et les sacoches de dessous la bâche, dégringoler à terre et s'en aller à travers la ville, ployant sous une pyramide de paquets périlleusement échafaudés sur leurs épaules. Quelques-uns se font décrotteurs, d'autres commissionnaires, et ils rôdent constamment autour des hôtels pour guetter les étrangers à leur débotté et leur offrir de les promener dans la haute ville. Rien de plus amusant que de suivre ceux d'entre eux qui font le métier de portefaix à travers les rues en échelles. S'ils ont une barrique à convoyer, ils la suspendent avec des cordes à une longue perche flexible, puis deux d'entre eux s'accroupissent, placent une des extrémités de la perche sur leur épaule, se relèvent d'un seul mouvement, et, piétinant sur place, impriment au fardeau un balancement qui rend, à ce qu'il paraît, son transport un peu plus commode. La barrique étant ainsi soulevée de terre et mise en branle, les Biskris commencent à marcher, et l'on voit ployer leurs jarrets, ondoyer leurs reins, se tendre les veines de leur nuque épaisse, pendant que leurs pieds nus claquent sur le pavé gras et qu'une sueur abondante inonde leur face brune. — *Balak!* (gare!) crient-ils aux passants, et chacun s'aplatit au mur pour leur faire place. En un quart d'heure, ils montent ainsi de la basse ville à la Kasbah. Moi qui ne porte jamais rien, je m'essouffle souvent à les suivre.

Il y a d'autres étrangers encore qui viennent à Alger chercher fortune. Ainsi, presque tous les pêcheurs de la côte sont Napolitains ou Maltais; les marchands de faïence et de fruits sont Maltais aussi, et la plupart des jardiniers sont des Espagnols de Mahon. Ces derniers, par esprit de rancune nationale, détestent les Maures, et les Maures, je dois l'avouer, ne les aiment guère. Ils se logent surtout dans les ruelles étroites de la basse ville, auprès du port; et il n'est pas rare de voir leurs femmes et leurs filles peigner leurs longs cheveux châtains sur le seuil de leurs portes. Ces gens-là, au rebours des indigènes, vivent assez volontiers en plein air, et conservent en Afrique les coutumes de leur pays. N'ai je pas entendu, le soir, les plus jeunes d'entre eux *racler le jambon* sous les fenêtres de leurs belles? N'approchez pas, me disait-on, ils ont des couteaux fort pointus au service des indiscrets. Je connais cependant plus d'un élégant officier qui sut toucher le cœur des Mahonnaises. On m'a dit qu'elles n'avaient pas une très-grande retenue, et j'ai mis ce léger défaut sur le compte du soleil.

La population qui habite la banlieue d'Alger mériterait une étude à part. Elle se compose d'industriels de la pire espèce, de débitants de liqueurs, d'équarrisseurs, d'aubergistes, de maçons, d'âniers. Du matin au soir, à partir de la porte Bab-Azoun jusqu'aux environs du champ de manœuvre, ils grouillent, pérorent, boivent, se disputent chacun dans sa langue, et je ne sais ce qui me révolte le plus de leur cynisme ou de leur malpropreté. Les tanières qu'ils habitent, aux murs maculés de boue, sont généralement entourées des rebuts de leur cuisine et des déchets de leurs industries malsaines. Les flaques d'eau croupie se mélangent devant leurs portes avec les monceaux de fumiers, et il s'élève constamment de leurs cours étroites une odeur nauséabonde. On rencontre, aux environs de ces bouges, des troupeaux d'ânes parqués avec des chameaux galeux; des véhicules détraqués et comme naufragés, les roues en l'air au bord de la route. La route, en cet endroit, est ouatée d'un lit épais de poussière molle et blanchâtre que le vent soulève par nappes et qui va retomber sur de maigres buissons à demi dévorés par les chèvres et les chevaux. Un vacarme incessant remplit l'air, composé de bruits de ferraille, de coups de marteau, de cris de bêtes qu'on égorge, de claquements de fouet, de jurons, d'abois furieux. Des files de charrettes encombrent la voie; des omnibus stationnent devant les guinguettes ou s'envolent à travers la poussière avec d'inquiétants balancements; des fourgons militaires, des transports chargés de foin et remorqués par des bœufs, se meuvent pesamment dans la bagarre, et l'on voit des cavaliers se faufilant à toute bride le long des murs, pendant que des soldats, attablés en plein air, chantent des refrains bachiques. C'est ici qu'on se sent disposé à détester notre civilisation qui traîne tant de laides choses après elle. Mais j'ai hâte de vous faire parcourir les environs d'Alger, mon cher maître; nous y trouverons des objets mieux faits pour contenter l'esprit et les yeux.

VI

Les environs d'Alger. — Le massif. — Saint-Eugène. — La Boujaréah ; ses jardins. — El-Biar. — Les coteaux de Mustapha. — Hydra : la Ferme ; le café Maure ; le Cimetière.

Afin d'embrasser d'un seul coup d'œil le panorama du massif d'Alger, il nous faut monter au-dessus d'El-Biar, en cet endroit où les jardins font place aux terres labourables. Là s'ouvrira sous nos yeux un horizon immense, où la beauté des lignes fera valoir les riches teintes du décor. Devant nous, la mer toute bleue ; à gauche, parmi des roches brunes, le village de Saint-Eugène et les gorges de la Boujaréah ; au-dessous, la vieille ville, comme un îlot pyramidal; à droite, les bocages de Mustapha; et tout le long du golfe, en remontant vers le cap Matifou, Hussein-Dey, la Maison-Carrée, le fort de l'Eau, semblables — de l'endroit où nous sommes placés — à des agréments pailletés sur une étoffe d'un gris de perle.

Le village de Saint-Eugène n'a rien de remarquable que sa situation. Les maisons, presque toutes françaises, y sont plantées sur une rampe de récifs, de sorte que la mer chante éternellement à leurs pieds sa ballade plaintive. En revanche, les gorges de la Boujaréah ont un aspect où se marie le gracieux et le terrible. Figurez-vous des pics tout fauves, effrités, déchirés, et comme bouleversés les uns sur les autres. Une route blanche circule autour de leur base, et s'élève avec elle, bordée de plantations qui verdoient le long des escarpements, parmi les cactus et les aloès. Les maisons qu'on aperçoit dans ces gorges, à demi cachées sous les feuilles, servent de refuge aux Maures qui ont conservé une apparence de bien-être. Leurs jardins sont spacieux. Une *noria*, manœuvrée par un vieux cheval aux yeux bandés, y entretient une perpétuelle fraîcheur. D'un côté, d'habitude, il y a un couvert de cyprès dont les flèches, d'un vert sombre, pointent tout droit dans l'azur ; de l'autre, un bouquet de bananiers épanouit ses feuilles géantes. Les clôtures sont faites de cannes blondes, et des jasmins odoriférants tendent sur leurs croisillons de fins rameaux étoilés de petites fleurs. Des lauriers groupés en buissons, des grenadiers aux gousses éclatantes, des caoutchoucs tout vernissés, — comme s'ils étaient enduits de gomme arabique, — des jujubiers, des poivriers, sont partout dispersés sans symétrie, et les oliviers rabougris projettent sur les sentiers leurs bras noueux où tremble un pâle feuillage. On y voit aussi des fleurs ;

mais, dans ce climat brûlant, elles atteignent des proportions phénoménales. L'héliotrope tapisse les murs jusqu'au sommet des terrasses; le géranium tord ses pousses vertes à dix pieds du sol; les rosiers forment des bosquets élevés. Quant aux orangers, ils couvrent d'ombre de larges pelouses, et leurs troncs de fer supportent d'énormes touffes diaprées de fleurs et de fruits qui brillent confusément dans la verdure, mêlant des boutons de neige à de lourdes pommes d'or.

L'eau serpente partout en murmurant dans ces jardins, conduite par d'étroits canaux de tuiles. Elle baigne le pied des orangers, se répand sur les prés et parmi les fleurs, et fait lever entre les herbes de grosses mottes de terre noire. Quand le temps est calme et le soleil chaud, vers midi, une tiède vapeur s'en dégage avec des parfums énervants. Alors les cigales énormes se dressent sur leurs compas;

les couleuvres frétillent de joie sous les haies d'épines; les caméléons attachés aux branches, emprisonnés dans leur cuirasse et la main tendue, font pivoter leurs yeux pointus et projettent leur dard sur les insectes; le soleil excite les mouches qui susurrent avec furie, et l'on voit nager dans l'air des vols de cigognes, dont les pattes traînent en arrière dans une attitude languissante.

Je ne connais rien au monde de plus charmant que ces jardins assez mal peignés, où la nature est libre en ses caprices. Le seul effort de l'homme consiste à lui fournir de l'eau, et on ne peut se faire une idée des phénomènes ravissants que produit l'eau combinée avec le soleil. Les légumes eux-mêmes, sous l'influence de ces deux propulseurs, deviennent des objets amusants pour les yeux, par l'exagération absurde de leur volume. Les artichauts surtout se font remarquer, avec les choux, par une louable émulation à dépasser la grosseur des citrouilles; les haricots s'allongent d'une façon risible et biscornue, et, quant aux salades, elles acquièrent rapidement des dimensions monstrueuses. Mais il leur faut de l'eau et du soleil, à toute heure, comme aux bananiers et aux orangers; du reste, comme à tout ce qui germe et mûrit sur ce sol si gras et si plein d'aromes. Les seuls cyprès végètent ascétiquement sur les pierres. Mais ces arbres m'ont toujours fait l'effet de sages sans passions, et les Arabes les appellent les *marabouts des jardins,* à cause de leur tournure éminemment philosophique.

Quand on s'est élevé sur le plateau, au-dessus de ces plantations, on les voit se dessiner dans le vallon, et leurs plans ont des contours capricieux comme ceux des provinces et des États sur les cartes géographiques. Chacune d'elles est entourée d'un talus en terre où poussent des cactus énormes à palettes hérissées d'aiguilles et des aloès projetant circulairement leurs feuilles pointues comme des glaives, avec de hautes hampes fleuries qui semblent des candélabres de bronze. Les clématites s'enchevêtrent amoureusement sur ces haies rébarbatives, et le tout forme un fouillis inextricable et menaçant, parsemé de grosses fleurs jaunes. Souvent les haies courent parallèlement tout autour du pied d'un coteau, ou bien elles s'élèvent en spirales sur ses flancs; alors on dirait que quelque géant s'est amusé à décorer leurs fauves aspérités de longues guirlandes.

C'est ainsi qu'apparaissent les gorges de la Boujaréah. Leur caractère est un mélange de stérilité farouche et de suave verdure. Parsemez maintenant ces beaux jardins de maisons blanches, appuyées sur d'élégantes colonnettes; jetez sur cette route un pont gothique enjambant ce ruisseau fleuri; respirez ces souffles de mer qui vous apportent, sous l'ardent soleil, la froide odeur des flots bleus; et si vous vous trouvez là le soir, à l'heure où les pâtres, drapés de blancs haillons, poussent devant eux sur la route les chèvres qui bêlent, pendant que les hauts monts de l'Atlas se parent au loin d'un manteau où la couleur de l'améthyste se mêle aux teintes de l'opale, arrêtez-vous, asseyez-vous, ne faites point de bruit, et recevant par tous les pores les effluves, les émanations, les rayons de la terre et du ciel, dites-moi si vous ne vous sentez pas heureux d'être artiste pour prendre votre part de l'inénarrable harmonie qui se dégage en ce moment de la nature africaine.

C'est là que j'ai passé les plus doux instants de mon séjour à Alger, j'allais dire de ma vie. Chaque soir, à la même heure, pendant trois mois, je descendais la même côte tortueuse, lentement, l'esprit en éveil, absorbant religieusement tout ce qui passait à la portée de mes sens et faisait vibrer en moi les cordes secrètes de l'émotion et de l'analyse. L'homme est décidément un être très-supérieur à la nature : il la juge et la rectifie, si besoin est. Mais il n'y a rien à changer dans le parcours de ma promenade favorite. Les Européens n'y viennent guère, et leurs affreux costumes ne font pas de disparates choquantes dans le paysage. Les passants même y sont très-rares. Parfois c'est un vieux Maure montant de la ville, un panier au bras, avec quelques menues provisions achetées pour son souper. Parfois c'est un Arabe aux pieds nus, escortant une file de petits ânes chargés de fruits et de légumes. Ils me saluent d'un air grave, et je m'arrête pour les voir cheminer jusqu'à ce qu'ils aient disparu dans l'ombre de leurs retraites. Je pénètre, par la pensée, dans ces retraites si blanches, si bien isolées, et j'aime à me figurer qu'un peu de bonheur habite là, parmi les membres de la famille musulmane. Tout me pousse à des rêveries heureuses en ce lieu solitaire, et parfois même — son charme est si grand ! — j'y oublie qu'il y a des hommes bêtes et méchants, et je ressens au cœur quelque chose de cet ardent amour pour l'humanité qui faisait pleurer Rousseau aux Charmettes.

Le plateau d'El-Biar a moins de style que les gorges de la Boujaréah. On y rencontre quelques cabarets, et je trouve, en Afrique surtout, les cabarets des choses horrifiantes. Ces maisons, où vont s'abrutir les pourceaux humains, m'ont toujours instinctivement répugné, sans doute parce que je n'aime pas à perdre le gouvernement de ma pensée, non plus que celui de mes jambes. Néanmoins, il y a encore à El-Biar de petites maisons où se cachent les Maures, loin du bruit, et de frais jardins où ne manquent ni les orangers ni les roses. Des mûriers y bordent les routes étroites, retombant par-dessus avec de beaux noyers et des jujubiers, de sorte qu'une ombre épaisse s'y maintient tout le long du jour; des moutons errent sur les bords dans les pâtis; ils mangent les pousses tendres des arbrisseaux, et l'on entend de loin tinter leurs clochettes. Somme toute, on peut vivre à El-Biar, surtout quand on est un peu misanthrope: mais je préfère de beaucoup les coteaux et les vallons de Mustapha, qui descendent à l'orient de la ville par une succession de rampes douces où la brise, levée avec le soleil, court perpétuellement sous les feuilles.

Si j'avais la liberté de désigner un coin de terre pour y passer en paix le reste de mes jours, je choisirais le coteau de Mustapha, et je bâtirais ma maison à demi-hauteur, au-dessous du palais du Gouvernement, là où précisément le bey de Tittery construisit la sienne. J'ai cela de commun avec bien des gens de me déplaire partout où je suis, et de me figurer toujours que je serais mieux autre part. A peine suis-je installé au lieu souhaité, je m'y déplais de même, et je cherche bien vite un autre endroit où je dois bientôt me trouver tout aussi mal. Cette infirmité de nature me rendit malheureux pendant fort longtemps, et je ne trouvai d'autre moyen pour la supporter que de la promener avec moi le plus possible. Dès que je change de place et que des objets nouveaux défilent devant mes yeux, je me sens à l'aise, et si bien que rien aujourd'hui ne vaut pour moi le mouvement d'un convoi lancé à toute vitesse sur un chemin de fer. Je ne puis cependant habiter toujours un waggon, ni passer ma vie à faire le tour de ma planète. Je m'arrange donc de manière à tourner sur moi-même, comme un écureuil en cage, autant que mes occupations casanières d'écrivain me le permettent, et surtout je tâche de tenir toujours mon esprit en alerte, afin de le délasser de la fatigue de mon individu. Si je pouvais supprimer mon corps qui m'ennuie et qu'il me faut traîner partout après moi, je le ferais bien volontiers; car, tout compte fait, je trouve que nous retirons peu d'agréments de notre guenille. Elle a des besoins inouïs qu'il faut perpétuellement satisfaire, sous peine de la voir tomber dans une honteuse défaillance; le moindre heurt la blesse; elle est soumise à des appétits grossiers, à des maux cruels, à d'innombrables maladies. Même à l'état de repos, quand elle ne souffre pas et n'a besoin de rien, on la sent, et c'est beaucoup trop! Respirer est un travail, se mouvoir en est un autre. Mes doigts en écrivant pèsent à mon poignet; mon coude appuyé sur ma table s'engourdit et me fait mal; ma jambe droite repliée sur ma jambe gauche éprouve des envies démesurées de se détendre comme un arc, et d'envoyer ma pantoufle à trente pas. Bref, même quand je me porte bien et n'ai rien à désirer, comme en ce moment, tout en moi me rappelle que je suis un animal soumis à des infirmités sans nombre, et cela ne m'enchante nullement. N'est-ce pas une chose heureuse maintenant que j'aie enfin trouvé l'endroit où ma guenille consent à m'obséder un peu moins et n'éprouve pas l'étrange besoin de changer de place? Le lieu où je voudrais vivre — et j'y ai vécu quelque temps — est fait exprès pour un sybarite. Vous le comprendrez, et de reste, quand je vous en aurai fait la description, et que je vous aurai dit pour quelles raisons j'y étais si fort à mon aise.

Ce que le coteau de Mustapha a de ravissant, c'est sa situation unique dans le monde. Figurez-vous une rampe de collines tournant doucement au-dessus d'un golfe et descendant vers ce golfe par une pente facile. A ses pieds s'étend une longue bande de terrain plat où des jardins maraîchers alignent géométriquement leurs cultures. Sur ses flancs verdoient des bosquets capricieusement disposés et sillonnés de routes en spirale. Vers la gauche, la ville d'Alger, toute blanche, émerge du milieu des flots, et à droite l'horizon est fermé par les monts vaporeux du petit Atlas. A quelque place que vous vous arrêtiez sur le coteau, vous apercevez la mer, la ville et les montagnes ; seulement, selon que vous êtes plus ou moins élevé, tantôt la ville se développe au-dessous de vous, tantôt elle se rétrécit, et la mer l'environne alors d'une grande nappe bleue où frissonnent de longues raies de lumière. Rien ne blesse vos yeux dans ce tableau simplement composé, et qui tire une valeur inouïe de l'excessive pureté de l'atmosphère. Tout y est à sa place et contribue à l'harmonie de l'ensemble. Et cet ensemble est si vaste, les dégradations de teintes qui suivent le mouvement du soleil lui donnent une telle vie, que vous ne pouvez vous rassasier de le regarder. A chaque nouvelle heure du jour, il prend une physionomie différente.

Quelquefois, le matin, la brume rampe sur les flots; alors vous n'apercevez que des fragments du tableau, ou plutôt les voiles épars qui se promènent devant lui recouvrent toutes ses parties les unes après les autres. Tout à coup la brume se lève comme un rideau de théâtre, et jusqu'au fond de l'horizon les décors échelonnés jaillissent de l'obscurité et s'accentuent dans la lumière. A midi, le jour est tout blanc, mais d'un blanc cru qui cercle le contour des objets, et le soir, au moment où le soleil tombe derrière les monts, on voit se jouer dans l'air des lueurs mélangées d'or et de rose. Mais ce ne sont pas les détails de ce tableau, ni ses changements d'aspect qui le font aimer des yeux. Il enchante par sa grandeur, par son sentiment, par sa beauté sans pareille. Les choses très-belles s'affirment et ne se discutent pas. On les sent, c'est assez. Nul de nous ne peut dire pourquoi le jour est ravissant, ni d'où provient le charme inouï des étoiles.

Mustapha n'a pas le même caractère que les gorges de la Boujaréah. Il est plus riant, plus intime. La nature l'a fait pour rassurer les âmes. La misanthropie s'en accommode; elle ne s'y renforce pas. Par moments même, elle se sent prête à pardonner, et ses soupirs sont accompagnés de sourires. Certes, on souffre à Mustapha comme partout, mais la douleur, j'imagine, y est moins aiguë et plus tolérante. Ce cri arraché aux rêveurs devant certains sites : « On voudrait mourir ici ! » je l'ai poussé vingt fois à Mustapha, et réellement, quoique j'aie l'idée que bien des choses finissent avec nous, à la mort, il ne me déplairait pas de savoir que je pourrirai sous un olivier, au bord de cette route ombreuse qui côtoie la Méditerranée, dans le cimetière musulman, où dorment déjà tant de braves gens sous leurs tombes de tuiles vertes. Il me semble que je reposerais là mieux que partout ailleurs; mais je vous vois hocher la tête à cette idée, mon cher maître. Elle est puérile peut-être. Qui le sait?

Les Européens n'ont pas trop abîmé, jusqu'ici, ce coteau charmant. Il faut leur en savoir gré. Ils auraient pu beaucoup l'enlaidir sous prétexte d'architecture. Ils se sont contentés d'élargir les fenêtres des maisons mauresques, de dessiner un peu plus correctement les jardins, d'élever des murailles pour les enclore; mais tout cela se perd dans le feuillage, avec les toits d'ardoise que quelques philistins ont élevés sans savoir pourquoi : pour faire œuvre de philistins, je suppose. Je vous dirai que je crois Mustapha un lieu enchanté. Les imbéciles y ont de l'esprit, les *bourgeois* un semblant de goût, et même — cela provient sans doute de l'ineffable douceur du climat — ils montrent une certaine tolérance. Là, sous prétexte de vertu, on ne voit pas les gens se déchirer avec de petites dents venimeuses; je ne sais si les mœurs y sont plus pures qu'ailleurs, mais une certaine indulgence de bonne compagnie y fait fermer les yeux sur les écarts des personnes. Comment ne faiblirait-on pas dans un endroit où la nature emploie des séductions infinies pour remplir les cœurs de tendresse? La brise s'y lève de bon matin, et tout le long du jour elle se joue gracieusement sous les arbres. Les fleurs exhalent d'énervants parfums, les eaux qui ruissellent partout sont pleines de charmants murmures. Vers le soir, au moment où les feux s'allument dans le port, le vent apporte languissamment des lambeaux de musique. On chante sous chaque toit; on entend sortir des maisons de grands éclats de rire; et, à minuit, on peut voir les routes pleines de gens qui rentrent chez eux, s'appelant et se cherchant, pendant qu'une fraîcheur inconnue détend la rigidité de l'air, et que les orangers balancent leurs fronts odorants dans les molles clartés de la lune.

La maison que j'ai choisie pour y passer quelques mois est située un peu en arrière de Mustapha, dans un lieu solitaire appelé *Hydra*. On y arrive par un sentier taillé dans la roche vive et connu sous le nom de *défilé des Thermopyles*. C'est une maison massive, presque sans fenêtres, aux murs tout blancs, dont le pied est caché par des touffes de caroubiers, et qui commande un vaste espace de terrain mamelonné, coupé de haies d'aloès. La cour est dallée de marbre, et au milieu s'élève un bassin, juste en face de la porte ogivale. Deux étages de belles chambres carrelées, un promenoir intérieur, une large terrasse, des écuries, un jardin, composent mon domaine. On y pourrait loger vingt personnes et j'y suis tout seul.

Ce qui me plaît dans ma retraite, c'est qu'elle est absolument isolée. J'ai beau monter sur la terrasse, aussi loin que ma vue peut s'étendre, je ne vois rien qui me rappelle le voisinage d'une grande ville. Des champs brûlés par le soleil, de petites fermes enfouies dans l'ombre des hauts cyprès, des monts tout bleus, d'un profil sévère, et la mer immobile touchant le ciel immaculé, c'est là tout ce que rencontrent mes yeux, sous l'astre éblouissant, dont la lumière m'aveugle. Rien ne rompt la superbe monotonie de ce paysage torréfié. Le silence l'habite avec moi, un silence absolu et nécessairement plein de charmes. J'adore l'absence du bruit, au grand soleil, quand souffle le vent du midi, et que la chaleur alourdit mes membres.

Tant que le jour se maintient sur l'horizon, les volets de ma chambre sont fermés et, couché sur une natte, dans mes vêtements flottants, je m'exerce à ne pas bouger, respirant doucement comme un malade. Je ne pense pas plus qu'un végétal accroché aux parois d'un puits. Une ombre immobile et bleue m'environne. Auprès de moi, dans une coupe, trempe un gros bouquet de jasmin, et son parfum m'énerve.

Au dehors, tout repose dans le feu. Les flèches du soleil criblent les arbustes flétris, et la poudre des sentiers blanchit comme la cendre du charbon dans l'âtre d'une forge. De fortes ombres tachent le pied des buissons verts qui se découpent sur un terrain couleur de rouille. Le ciel est d'un bleu dur, éclatant, plein de menace et d'âpreté, et l'air qui vibre au ras du sol est un air étouffant. On dirait qu'il a traversé des flammes.

Au dedans, tout est langueur, mollesse, obscurité. Je savoure avec recueillément le poison du bien-être. Une exquise moiteur baigne mes bras et mon cou, et c'est avec une inexprimable volupté que je me sens vivre.

Quelquefois mes amis algériens viennent me voir. Alors, étendus les uns auprès des autres, fumant et buvant notre café à petits coups, nous causons à demi-voix, comme si nous craignions d'éveiller le silence. Chacun de nous tient en main un chasse-mouches, dont il se sert pour s'éventer. La fumée de nos cigares rampe dans l'air, et du parquet de la chambre, soigneusement arrosé d'eau de senteur, s'exhalent des fraîcheurs odorantes.

C'est ainsi que je passe mon temps. Ma principale occupation, dans cette saison de feu, consiste à ne rien faire. L'existence que je mène, presque tout entière composée de demi-sommeil et de loisirs, engourdit mon esprit dans une sorte d long rêve incohérent, et je connais enfin les plaisirs infinis de l'ennui dans une belle solitude. S'ennuyer dans un milieu bruyant et qui vous déplaît, quand le corps éprouve, à tous moments, le harcelant besoin de se mouvoir, est insupportable. Mais, sous un ciel toujours bleu où la chaleur vous accable, où le moindre geste est une fatigue, où nul bruit ne vient jusqu'à vous, je ne connais rien de plus délicieux. On arrive alors à concevoir ce que doit être la vie des plantes, cette belle vie qui se signale par l'absence du mouvement, la suppression des désirs et de la pensée, et qui laisse pourtant à l'individu le sentiment profond de son être. Souvent — je bouge si peu ! — je me figure que tout mon corps est paralysé ; et je ressens alors une étrange sensation de délivrance. Si les morts pouvaient ainsi s'affranchir des lambeaux de leur dépouille et acquérir seulement la faculté de se savoir morts, je crois qu'ils seraient fort heureux.

Au moment où la lumière décline vers l'Orient, je me lève, entraîné par un reste de mauvaise habitude, et, si je me sens trop paresseux pour sortir, je m'installe sur des coussins auprès d'une fenêtre ouverte qui regarde la mer et le couchant. A cette heure de lumière indécise et de relative fraîcheur, il se fait une sorte de mouvement dans la campagne : on entend pépier quelques oiseaux ; des troupeaux de bœufs rentrent au gîte, en soulevant sous leurs sabots des nappes de poussière ; les hirondelles s'ébattent autour des toits ; et quelquefois, sur le sentier montueux, apparaît un vieux Maure assis à califourchon sur un grand mulet qui marche l'amble et fait tinter les ornements d'argent de son poitrail. Il se rend à son *bordje*, où l'attendent — je me plais à me le figurer — les pures joies de la famille dans la retraite. Quoiqu'il passe à plus de cent pas de la fenêtre où je suis embusqué, je le vois comme à le toucher, grâce à ma lunette. Il ne se sait point observé ; rien ne le gêne. Il balance ses jambes nues, s'appuie au large dossier de sa selle turque, et souvent, sous l'impulsion subite de je ne sais quel souvenir d'affaires heureuses ou de passion satisfaite, sa large face sourit doucement, et, pendant que son mulet agite sous lui ses quatre pieds blancs, sa main remonte vers sa barbe et la caresse.

Les nuits sont peut-être plus étouffantes que les jours. L'absence totale du vent alourdit l'humide atmosphère. Les étoiles ont tant d'éclat que les feuillages éclairés conservent leurs teintes, et l'on dirait, à tous moments, que le jour est sur le point de reparaître. Je dors peu ; je ne puis me lasser d'assister au spectacle de ces belles nuits silencieuses. Je monte sur la terrasse de ma maison, dont la blancheur éblouit mes yeux gonflés de sommeil. Mon domestique, enveloppé dans son burnous, est couché sur le marbre entre les colonnes de la cour ; et souvent, quand la lune est dans son plein et passe au-dessus de lui, il me semble voir au ciel une face pâle regarder languissamment le dormeur.

Auprès de moi demeure une famille de Mahonnais : le père, la mère et huit enfants. Ces gens, moins éprouvés que moi par le climat, travaillent avec un courage extraordinaire. La mère grimpe sur son âne avant le jour, et se rend au marché d'Alger pour vendre ses figues et ses légumes. Le père et les aînés des garçons scient le blé, courbés dans les gerbes d'or; les plus petits gardent, dans les champs, les troupeaux de vaches, de chèvres, de moutons et de pourceaux. Les deux filles préparent les repas, ou bien, en bavardant, elles savonnent dans un baquet placé à l'ombre d'un cyprès colossal; puis elles étendent le linge humide sur les haies pour le faire sécher. Vers le soir, bêtes et gens rentrent au logis, harassés de fatigue, et l'on entend alors des claquements de fouet et de longs mugissements retentir autour de la ferme.

Ces Espagnols vivent misérablement. Ils ne songent qu'à économiser. Chaque jour, ils mettent quelques écus de côté, et, quand leur petite fortune sera faite, ils regagneront leur île.

Je cause souvent avec eux. Ils me donnent des renseignements intéressants sur leurs procédés de culture, de défrichement et d'arrosage. Ils ne sont pas mécontents de leur sort. Ils n'en ont pas le temps. A peine se reposent-ils le dimanche. Le soir, ils se rassemblent quelquefois dans leur jardin, et j'entends alors de chez moi la voix sonore et pure des jeunes filles. L'aînée est blonde, grasse et rieuse; la plus jeune est mince et brune, avec des yeux très-vifs et de belles dents. Mais elles sont d'une malpropreté repoussante, et leurs jambes, à toutes deux, sont déchirées par les ronces.

Quand les enfants n'ont rien de mieux à

faire, ils viennent rôder dans ma maison. Je les laisse libres. Cependant, jamais aucun d'eux ne se hasarde à passer devant la porte de mon cabinet de travail. Ils savent que je ne dois pas être dérangé. Je n'ai jamais vu d'enfants plus graves et plus discrets que ces petits Espagnols.

Ils ne sont pas les seuls qu'ait attirés la tranquillité de ma demeure. Les hirondelles l'occupaient avant moi. Je les y ai laissées, et maintenant elles maçonnent leurs nids jusque sous les poutrelles de ma chambre. Un jour, un chat blanc et maigre vint aussi réclamer l'hospitalité : Zôhra lui fit une pâtée au lait ; il paraît qu'il la trouva bonne, car il ne bougea plus, depuis, de la terrasse. Un autre jour, un malheureux chien, malade et boiteux, vint à son tour implorer la pitié du maître. Le voilà, lui aussi, de la famille: et il fait bonne garde autour de la maison, en trottant sur ses trois pattes. Ces deux bêtes me tiennent compagnie avec les marmots, mais je ne puis les regarder sans tristesse. Il me faudra bientôt partir. Que deviendront-elles?

Souvent, au coucher du soleil, je m'achemine vers le café maure d'Hydra. Il est situé sur une route peu fréquentée, et consiste en une caverne taillée dans le roc et s'ouvrant par trois baies à la lumière. En avant, on a bâti des arcades grossières, et le tout est blanchi au lait de chaux. Sur le promenoir, très-large, qui s'étend entre la caverne et les arcades, des nattes blondes sont déroulées. Dans un coin, une fontaine suinte à petit bruit de la roche vive; en face, brûle dans la cendre le charbon d'un fourneau primitif, autour duquel sont dispersés les ustensiles du cafetier. Un jardinet de vingt pieds carrés précède le rustique édifice, et de beaux grenadiers, blottis dans ses angles, projettent sur le mur tout blanc leur vert feuillage criblé de fleurs rouges. Ce retrait difficile à découvrir, car il est comme enfoui dans un pli de terrain, est l'un des plus charmants que j'aie rencontrés en Afrique. Le soleil l'effleure à peine, chaque soir et chaque matin, et la brise de mer l'emplit, tout le long du jour, d'une fraîcheur délicieuse.

Là se réunissent les Maures qui se sentent les plus malheureux de notre domination. Ils montent de la ville avec le jour, ils y retournent à la nuit faite, et, tant que la lumière se maintient sur l'horizon, accroupis sur les nattes, ils causent, rêvent et travaillent, non pas avec l'ardeur des Européens, mais du bout des doigts, comme des gens pour qui le travail est plutôt une distraction qu'un devoir. Les uns dévident des écheveaux de soie et les tordent en longues mèches; les autres tissent des galons pour les vestes et les gilets; d'autres encore, entourés d'un outillage complet et minutieux, fabriquent des boutons avec des fils d'or tressés ; et tous ont l'air placide et souriant des hommes qui n'ont rien à désirer. A l'entrée de la caverne, un vieillard barbu agace les cordes de sa guitare, et deux adolescents, assis auprès de lui, chantent d'une voix mâle et vibrante. Une petite table est posée devant eux, avec un pot de grès bouché par des feuilles de lentisque. De temps à autre, les chanteurs soulèvent le pot dans leurs mains et boivent un grand coup d'eau pour se rafraîchir. Autour d'eux sont dispersés à terre des indolents qui fument, et d'autres qui jouent aux échecs. Le cafetier est accroupi devant son fourneau, et ses aides se promènent incessamment entre les groupes, portant des tasses pleines de moka parfumé. Et, chaque jour que Dieu fait, sous le beau ciel échauffé, ces dédaigneux recommencent entre eux cette vie charmante. Ils sont si bien cachés, d'ailleurs, et s'amusent de si peu, que nul ne vient les déranger. Moi seul je connais leur retraite, mais je me garde bien de la troubler. Je me tiens en dehors, derrière les buissons de lentisques et de grenadiers, respectant de mon mieux cette caverne où les Maures se croient chez eux.

Je vais aussi, parfois, le vendredi surtout, au cimetière de Mustapha. C'est un grand champ planté d'oliviers et de caroubiers, où les tombes sont alignées perpendiculairement à la route. Ces tombes, en maçonnerie couverte de faïences, ont deux palettes de schiste ou de marbre noir dressées à chaque bout, et le premier venu peut s'y asseoir comme sur des bancs faits exprès pour délasser les promeneurs. Souvent les tombes servent de tables pour les repas. Les Mauresques étendent sur elles des mouchoirs et des haïks blancs, elles les chargent de fruits et de gâteaux, et elles mangent et boivent ainsi, en riant et en causant, sans paraître se soucier beaucoup des gens qui pourrissent à six pieds au-dessous d'elles. N'ai-je pas vu un enfant se balancer sur une escarpolette accrochée à deux oliviers qui flanquaient la tombe de son père? Ces marques d'insouciance me plaisent peu dans un lieu où les pensées s'imprègnent naturellement d'une teinte funèbre. Quoi qu'en disent certains esprits forts, la mort ne sera jamais qu'une chose assez triste et assez laide. La braver est bien, sans doute; la profaner est choquant. Vous savez, au surplus, que j'ai des idées particulières sur la mort. J'aime les morts. Je ne puis me figurer qu'ils soient absolument insensibles. Je voudrais qu'ils ne le fussent pas, car tout proteste en moi contre le néant et le vide. Quand un homme exhale son dernier soupir, on plaint communément les gens qui l'aimaient. Moi qui sais comment on oublie, je ne plains qu'à demi ceux qui restent; toute ma pitié appartient à ceux qui s'en vont.

VII

Résumé.

Maintenant je vous ai tout dit sur Alger, — du moins tout ce qui pouvait vous intéresser, — et vous connaissez cette ville charmante, je l'espère, comme si vous l'aviez réellement parcourue. Avant de prendre congé de vous, je reviendrai cependant, pour les résumer, sur les faits les plus importants qui sont passés sous nos yeux pendant le cours de notre exploration. Ces faits sont de deux sortes : les premiers se rapportent à la ville, les seconds à ses habitants.

L'indifférence des Européens résidant à Alger pour la capitale de la colonie est aussi choquante que bizarre. Employés, colons, marchands, se considèrent, la plupart, comme des condamnés à temps, exilés de l'autre côté de la Méditerranée jusqu'à ce qu'ils aient assuré leur avenir. Presque tous, malgré la douceur du climat, la pureté du ciel, la beauté du paysage et la facilité de l'existence, n'ont dans l'esprit qu'une préoccupation, celle de retourner dans la mère patrie. Il s'ensuit qu'ils portent généralement assez peu d'intérêt à la cité dans laquelle ils n'entendent résider qu'en passant, et qu'ils se tiennent pour satisfaits si on les y laisse faire en paix leurs affaires.

Quand je dis qu'ils portent peu d'intérêt à la cité, j'entends qu'ils se soucient peu qu'on l'enlaidisse. — La colère des artistes devant l'ignoble transformation du bas quartier les surprend, et parfois même ils s'imaginent qu'on leur reproche de n'avoir pas abattu un assez grand nombre de maisons mauresques. Comment faire comprendre à des gens qui rêvent de l'Alsace ou de la Normandie sous les palmiers que, plus ils moderniseront leur ville, plus elle sera banale et vulgaire? Ils savent cependant qu'ils ne vivent que par l'argent des étrangers. Mais ils ont une telle candeur, qu'ils pensent attirer les gens chez eux en leur offrant je ne sais quelle mesquine et plate reproduction des villes européennes.

Remarquez que l'administration dépense, chaque année, des sommes considérables pour la réédification de la ville. Elle veut qu'Alger devienne une ville de luxe et de plaisir, et elle a raison de le vouloir; mais, pour atteindre son but, elle fait malheureusement le contraire de ce qu'il faut faire. Chacun entend la beauté à sa manière : les uns la voient dans de grandes casernes sans proportion, aux murs tout nus et coiffés de toits sous lesquels se développent de longues théories de persiennes; les autres croient la rencontrer en des édifices bâtards, véritables tours de Babel, où tous les styles sont réunis, comme des morceaux de drap sur les cartes d'échantillons des tailleurs : d'autres encore la cherchent en de gauches imitations, qui ressemblent aux originaux à peu près comme les poupées de cire des magasins de parfumerie ressemblent à la figure humaine. Il en est quelques-uns qui comprennent un peu mieux la beauté. Ceux-là sont payés pour la connaître. Je veux parler des artistes. Pourquoi donc ne les consulte-t-on pas quand, pour une cause ou pour une autre, on a recours aux arts plastiques? Étrange aberration! On emploie des soldats pour faire la guerre, des marmitons pour faire la soupe, des jardiniers pour cultiver les jardins; et, quand on veut transformer une ville sous prétexte d'embellissements, au lieu de réunir des peintres, des statuaires, des architectes *d'un talent éprouvé et reconnu*, on prend encore des soldats, des marmitons, des jardiniers, — ou leurs équivalents, — comme si, de toutes les choses qui découlent de l'esprit humain, la connaissance de l'art seule avait l'étonnant privilége de s'acquérir sans dispositions naturelles et sans travail!

Dix années de ma vie passées à étudier les origines de l'art chez les anciens me permettent peut-être de me prononcer sur la question que je soulève. Si, depuis quelque temps, il m'a plu de faire alterner mes travaux de critique et d'histoire avec des romans, je n'ai pas abdiqué le droit de donner mon opinion raisonnée sur les problèmes ressortissant à l'archéologie, et surtout je n'ai jamais voulu laisser supposer que j'avais abandonné cette science à qui je dois les satisfactions les plus nobles de ma jeunesse. Je prie donc mes amis les Algériens de me croire sur parole quand je leur dis, *en toute connaissance de cause,* qu'ils ruinent leur charmante ville, et que jamais, même en la rebâtissant de fond en comble, ils ne parviendront à en faire une ville française, c'est-à-dire une ville symétrique, aux rues larges et bien alignées. Leur seule ressource pour créer une ville qui ressemblerait plus ou moins à Paris ou à Quimper-Corentin est de démolir, des deux côtés, les fortifications d'Alger, et de jeter les fondations de la cité nouvelle, à gauche, dans la direction de Saint-Eugène, et, à droite, dans la plaine de Mustapha. Ils ne posséderont ainsi, il est vrai, qu'une capitale démesurément allongée, et qui ressemblera un peu à un boyau gigantesque; mais elle leur offrira du moins toutes les commodités qu'ils recherchent. Quant à la vieille cité barbaresque, comme elle est disposée en échelle, ils feront bien de la laisser subsister telle quelle, à moins qu'ils ne préfèrent raser l'énorme butte de terre sur laquelle les compagnons d'Hercule le Libyen l'ont plantée.

Il n'en coûte pas plus — en architecture — pour faire une belle chose qu'une laide. Si donc l'administration se décide à bâtir la ville nouvelle à la place indiquée naturellement par la disposition du terrain, je lui donnerai le conseil de ne pas s'en rapporter à ses seules lumières. La municipalité algérienne est pleine de bon vouloir, mais le bon vouloir ne suffit pas dans l'exécution des œuvres d'art. Je voudrais que, dans le conseil des bâtiments civils qui vient d'être institué, l'on fît une toute petite place à un artiste — j'entends à un véritable artiste — qui donnerait son avis sur les monuments à élever ou à abattre, éclairerait ses collègues, s'opposerait aussi bien aux actes de vandalisme qu'à l'adoption des projets dictés par le mauvais goût, et, dans toutes les questions qu'il serait appelé à débattre, parlerait avec l'autorité d'un homme spécial et l'ascendant d'une conviction.

Un grand peuple ne doit laisser après lui que de grandes traces. Voyez celles des Romains dans tous les pays soumis à leur domination. En Afrique surtout, les cirques, les aqueducs, les bains, les temples, les théâtres, les routes, attestent leur noble souci de la beauté des choses extérieures. Si l'Algérie, par impossible, passait aujourd'hui en des mains autres que les nôtres, à quelles marques reconnaîtrait-on notre passage? Il ne resterait plus rien de nous dans cinquante ans.

Le problème, toujours à résoudre, de la

prospérité de la colonie, se rattache d'ailleurs plus étroitement qu'on ne le croit à la réédification de sa capitale. Il est évident que ce qui manque le plus absolument à l'Algérie, c'est l'argent. Or, la meilleure manière de l'y faire venir n'est pas de tendre la main constamment à la mère patrie, dont les ressources sont limitées; c'est d'attirer à Alger le plus grand nombre possible de ces oisifs qui promènent leur ennui dans tous les lieux où ils ont quelque chance de le distraire. Espère-t-on les engager à faire un voyage de quatre cents lieues et à subir cinquante-deux heures de traversée pour admirer le palais du Gouvernement, qui est affreux, ou la cathédrale qui ressemble à une brioche ? O Algériens! le remède à votre misère que vous cherchez bien loin est tout près de vous; pour mieux dire, il est dans vos mains. Faites que les étrangers trouvent chez vous ce qui n'existe pas autre part. Offrez-leur,

à profusion, les distractions qu'ils préfèrent;
créez, en même temps, à leur usage, une ville
confortable, comme on dit, et bâtie *à souhait
pour le plaisir des yeux*, et vous les verrez arriver chaque hiver par caravanes; et
le bien-être qu'ils apporteront chez vous se
répandra par les mille artères du commerce
jusqu'aux extrémités de la colonie appauvrie
par la guerre et par la disette.

Il ne serait pas difficile d'imposer aux propriétaires de la ville des modèles à suivre pour
l'édification de leurs maisons, si on le voulait.
Quand partout, au nom de la salubrité publique, on oblige les architectes à se conformer
aux ordonnances de voirie, pourquoi, au nom
de la Beauté publique, ne les obligerait-on pas
à adopter les spécimens d'édifices arrêtés à
l'avance par les conseillers de l'édilité? Cela
se fait déjà à Paris. Il ne devrait être permis
nulle part d'affliger les yeux des passants par

des monuments hideux, et la liberté que chacun a de disposer sa demeure selon ses goûts ne recevrait d'ailleurs aucune atteinte, si on la limitait à cette partie des maisons qui ne se voit pas de la rue.

Et puisqu'il est question ici de modèles à suivre pour l'édification d'une ville nouvelle, je donnerai aux Algériens un conseil de plus, celui-là dans l'intérêt de leur sécurité. Ils oublient un peu trop, en élevant des maisons de briques ou de pierres de taille à six étages, qu'Alger a été déjà littéralement rasée par les tremblements de terre de 1637 et de 1715. S'ils continuent à suivre leur manie, à la première secousse du sol, de tout ce qu'ils ont édifié il ne restera pas pierre sur pierre, et nul d'entre eux ne survivra pour raconter l'événement à ses amis.

La sécurité des habitants d'Alger, dans cette question de la réédification de la ville, s'unit donc, comme vous le voyez, à leur intérêt. S'ils bâtissent une cité européenne, elle menace ruine dès le premier jour, et n'attire nécessairement, en aucune façon, les étrangers. Si, au contraire, ils consentent à copier tout simplement les différents types de maisons mauresques qu'ils ont sous les yeux, ils sont à peu près certains de pouvoir les habiter sans danger, car les maisons des Maures, étant basses et très-légères, résistent mieux aux secousses du sol que les lourdes constructions des Européens. En même temps ils rendent à leur cité le caractère exotique qui fait tout son charme. Libre à eux, du reste, d'ouvrir des rues larges et des places pour le passage des voitures ; libre à eux encore de les accompagner de promenoirs couverts et soutenus par des arcades. Mais que ces places ne ressemblent pas à celles de Chartres et du Gouvernement! Que ces arcades ne rappellent pas celles des rues

Bab-Azoun et Bab-el-Oued, ou je ne réponds plus de rien.

Je vous entends d'ici, en ce moment, me faire observer que je me donne une peine bien inutile. Vous me dites que je m'oppose en vain au grand courant de vulgarisme et de banalité qui nous menace de toutes parts ; que mes idées vous semblent bonnes et réalisables de tous points, mais qu'on ne les suivra malheureusement pas, parce que les Algériens, étant presque aussi spirituels que le reste des Français, doivent nécessairement ne jamais écouter qu'eux-mêmes. Je répondrai que vous avez raison, comme toujours, mais que, en écrivant ces dernières pages, j'ai obéi à ce que je considérais comme un devoir de conscience, et que, si j'ai la faiblesse de me passionner encore en ce monde, mieux vaut me passionner pour l'art que pour autre chose.

Au surplus, je ne sais pour quelle raison le

gouvernement ne prendrait pas l'initiative dans la question qui nous occupe. Il suffirait d'un ordre parti d'en haut pour rendre au vieil Alger son caractère oriental. Et l'on verrait alors, comme autrefois, la ville mauresque émerger, blanche et sans tache, du milieu des flots. Mais, après avoir tant parlé de la ville, nous pouvons dire un mot de plus de ses habitants.

Deux systèmes sont en présence depuis le jour de la conquête, pour tirer la race maure de son abaissement. L'un veut maintenir la séparation qui a toujours existé entre cette race et la nôtre; l'autre plaide en faveur de leur fusion, avec l'espoir secret d'une lente et complète absorption des indigènes par les Français. Ces deux systèmes sont discutables. Le malheur, pour les Maures, est que les différentes administrations qui se sont succédé en Afrique ont hésité constamment entre l'un et l'autre, de sorte que, à la misère près qui s'est accrue, la question en est encore aujourd'hui au point où elle était il y a trente ans.

La première chose qu'il y aurait à faire, selon moi, serait d'opter dès aujourd'hui entre ces systèmes opposés, et, la décision prise, d'en poursuivre les résultats sans hésitation. Mieux vaut un médiocre gouvernement que l'anarchie, a-t-on dit; je dirai : mieux vaut une doctrine médiocre que l'absence de doctrine. Je crois le système de fusion irréalisable, mais je puis me tromper, et ne demande pas mieux que d'avouer mon erreur devant une preuve. Si les Maures étaient consultés dans la question, ils diraient que leur religion, aussi bien que leurs traditions et leurs habitudes, les pousse à détester le système de la fusion.

Quand notre gouvernement remplaça celui des Turcs, les Maures comprirent bien vite que c'en était fait de leur bien-être. La plupart d'entre eux vivaient alors d'emplois que nous ne pûmes leur conserver, de recettes qui durent être appliquées aux besoins publics, ou de revenus suffisants jadis, mais qui cessaient de l'être devant le renchérissement universel des choses nécessaires à la vie, produit par notre occupation. Je ne veux point examiner si l'article 5 de la capitulation, qui disait que *les propriétés de toutes les classes d'habitants d'Alger ne recevraient aucune atteinte*, fut strictement observé à leur égard; mais quand je vois, en trente ans, toutes leurs propriétés passées entre les mains des Juifs et des Français, je m'étonne, je doute, et je me crois autorisé à demander qu'on ait enfin pitié d'eux.

Il est vrai que, dans le désordre de la lutte, un grand nombre de registres publics disparurent, et beaucoup de titres privés furent anéantis. Il fut difficile au fisc de savoir si les réclamations que les Maures lui adressèrent alors étaient toutes bien légitimes. Quelques-uns, aux premiers coups de canon, s'étaient enfuis dans les villes de l'intérieur; quand ils revinrent, ils trouvèrent leurs propriétés vendues. Des Juifs auraient crié de façon à se faire entendre, même par des oreilles administratives. Les Maures se résignèrent : on les oublia. Ces malheureux, peu au courant de nos façons d'agir, sollicitèrent, les uns des places de *chaouch*, — qui équivalent à celles de portiers ou de garçons de bureau dans nos administrations, — les autres réclamèrent des dédommagements si minimes qu'on ne put toujours les leur refuser. Quelques-uns s'expatrièrent, je vous l'ai dit. Le plus grand nombre ne put se décider à partir. Il leur resta la ressource de mendier.

Si vous consultiez certains colons sur la question de l'existence des Maures, ils vous répondraient comme à moi : *qu'ils doivent être les manœuvres des Européens.* Les colons, en général, entendent un peu la colonisation à la manière antique. L'un d'eux, méridional et nécessairement passionné, me disait un jour avec de grands gestes : *Nous avons versé notre sang sur cette terre, elle nous appartient.* Notez qu'il n'avait rien versé du tout, lui ! Mais il est dans le caractère de l'homme de se créer des illusions, quand il peut en tirer avantage. Les gens que j'ai vus le mieux défendre les droits des indigènes, je le dis à leur honneur, sont les militaires. Ceux qui ont réellement versé leur sang pour vaincre ne disent pas : *Malheur aux vaincus !*

Quel que soit le système qu'on adopte pour essayer la régénération des Maures, il faudra tenir compte de leurs mœurs et de leurs préjugés. Demander à des musulmans, citadins et amollis par le climat, ce qu'on exigerait des Européens, est absurde. Ils ont des aptitudes ;

elles ne sont pas les nôtres. Connaissez-les d'abord, il vous sera facile d'en tirer parti. Et si cette race trop découragée ou trop énervée se refuse, comme je le crois, à toute tentative de rénovation, si tout ressort est brisé en elle, si elle doit périr, eh! bien, faisons pour elle ce que, dans la vie privée, nous ferions pour nos amis. Quand l'un d'eux se débat sur son lit de mort, que tout espoir de le sauver est perdu, nous cherchons à lui cacher son état, nous nous ingénions à lui rendre facile le terrible passage; nous ne lui marchandons ni les soins, ni les témoignages d'amitié. Il est si dur de mourir, et nous le sentons si bien, que nous prolongeons de toutes nos forces une agonie qui, étant une souffrance, ressemble à la vie encore. Nos pleurs sont une consolation pour celui qui part, une sorte de soulagement pour nous qui restons; et, entre nous et lui, il se fait un suprême échange de caresses et de pensées. Je voudrais que la France agît de même pour une race qui ne lui fut jamais hostile, et dont la grandeur passée, à défaut d'autres titres à son estime, mérite mieux qu'une fin misérable. Les peuples, comme les hommes, ont droit à des égards quand ils sont vieux. Un homme peut honorablement exhaler son dernier soupir à l'hôpital; il ne doit pas mourir dans le ruisseau.

Et maintenant, voyez une fois de plus comme tout se tient dans la vie universelle. A mesure que l'industrialisme, si faussement décoré du nom de civilisation, déborde sur tous les continents de la terre, la poésie se retire devant lui. L'Orient s'en va, disputant le terrain pied à pied, mais il s'en va, emportant ses formes exquises. Il est un fait qui me frappe en écrivant ces dernières pages; c'est la marche lente, progressive et fatale du monde vers tout ce qui est matière, tout ce qui peut contenter de grossiers appétits. Les choses élevées, les choses de l'esprit s'évaporent comme des fumées quand le feu s'éteint dans la cendre. Dieu sait où sont allés le mysticisme et le *sens religieux!* Le goût des arts fait place au goût du confortable. L'idée du beau n'existe plus que dans le cerveau de quelques rêveurs bafoués. Le style est devenu pour la foule chose haïssable; on le proscrit des langues comme un défaut. Toute originalité disparaît devant l'amour du vulgaire. L'instruction se rapetisse; enfin, le corps a pris partout la place de l'âme, et nous avons l'hypocrisie pour remplacer la vertu.

Un jour... ce jour viendra, croyez-le, — heureusement, ni à vous, ni à moi, ne restera des yeux pour le voir, — le globe entier sera déshonoré par la symétrie, et toutes choses seront abaissées sous un inflexible niveau. La banalité régnera sur l'incommensurable ennui.

Les rives des océans seront alignées au cordeau comme celles des fleuves. Les montagnes, taillées en pyramides, offriront des escaliers aux pieds des passants. Pas un arbre dont la cime dépasse celle d'un autre; pas un champ qui ne soit aplani et nettoyé. Les villes se ressembleront si bien, qu'il suffira d'en voir une pour les connaître toutes. Quant aux hommes, ils formeront une race unique, produite par un universel croisement. Ils n'auront plus qu'une loi, qu'une langue, qu'une mesure. Leur existence sera la même sous toutes les latitudes. Ils s'arrangeront de manière à vivre de la même vie et à mourir tous au même âge. En seront-ils plus heureux?

En attendant que se lève ce jour maudit, jouissons des dernières beautés de la terre. Vous êtes casanier; je voyagerai pour vous. Aujourd'hui j'ai fait passer devant vous Alger, un *Alger vrai*, croyez-le bien, ou plutôt je vous ai montré tout ce qui frappa mon esprit et mes yeux dans la ville de Barberousse transformée par la conquête. Si ce livre vous intéresse, je vous promènerai bientôt dans notre colonie tout entière. Nous la visiterons ensemble, province par province, ville par ville, et, afin de mieux la voir, nous marcherons au petit pas. Je vous promets à l'avance de curieuses révélations de mœurs, et j'essayerai de résoudre avec vous la plupart des questions qui divisent depuis trente ans tous ceux qui ont pris une part quelconque aux affaires de l'Afrique française, et se sont attachés à ce beau pays comme à une patrie d'adoption.

FIN

TABLE

I

Vue d'ensemble de la ville d'Alger. — Les rues. — Les maisons mauresques : système de construction ; dispositions intérieures ; ameublement. — Dévastations commises dans le quartier maure. Visite aux principaux édifices : le Musée ; l'hôtel de la Division militaire ; le palais du Gouvernement ; le Kasbah, etc..................

II

Population de la ville d'Alger. — La sieste. — Le soir sur la place du Gouvernement : liberté et manie de discussion. — La nuit dans les ruelles. — Intérieur d'une maison indigène. — Costume de chambre des femmes. — Le café Maure. — Les musiciens. — Le quartier Kattaroudjil... 43

III

Différentes races indigènes de la ville d'Alger. — Les amins. — Types maures : caractères généraux de leur race. — Le haschich. — Les Mauresques : costume de rue. — Les repas. — L'aumône. — Fêtes indigènes : n'bitta ; danses ; libations ; n'bitta publiques ; ventriloquie ; Garagouz ; les derdebah. — Arabes de passage à Alger. — Les Maures à la mosquée. — Le tribunal du cadi. — Le muphti. — Mœurs de la race maure.................................... 79

IV

Les Juifs : esprit de conduite ; industries ; leur richesse. — Les Juives ; types divers ; costumes ; détails de mœurs. — Mariage juif.... 173

V

Les nègres : deux types différents. — Les négresses : Yasminah, Zôhra. — Industries des négresses ; leur costume. — Les Biskris. — Les Espagnols. — Habitants des faubourgs d'Alger....... 203

VI

Les environs d'Alger. — Le massif. — Saint-Eugène. — La Boujaréah ; ses jardins. — El-Biar. — Les coteaux de Mustapha. — Hydra : la Ferme ; le café Maure ; le Cimetière.............. 229

Résumé... 263

PARIS. — IMPRIMERIE DE J. CLAYE, RUE SAINT-BENOIT, 7.

www.ingramcontent.com/pod-product-compliance
Lightning Source LLC
Chambersburg PA
CBHW070737170426
43200CB00007B/554